AF588700

PRATIQUE DU SERVICE

DU

CONDUCTEUR DES PONTS ET CHAUSSÉES

PRATIQUE DU SERVICE

DU

CONDUCTEUR DES PONTS & CHAUSSÉES

MANUEL

Contenant les connaissances administratives exigées par le dernier programme d'admission

(Arrêté ministériel du 9 mars 1874)

DRESSÉ ET ANNOTÉ

PAR

M. AMÉDÉE LÉGER

CONDUCTEUR DES PONTS ET CHAUSSÉES, ATTACHÉ AU MINISTÈRE DES TRAVAUX PUBLICS

PARIS

IMPRIMERIE ADMINISTRATIVE DE PAUL DUPONT

41, rue Jean-Jacques-Rousseau (Hôtel des Fermes)

1874

PREMIÈRE PARTIE

RÈGLEMENTS SUR LA COMPTABILITÉ DES CONDUCTEURS

INTRODUCTION

DISPOSITIONS GÉNÉRALES SUR LA COMPTABILITÉ.

(Règlement du 16 septembre 1843 et décret du 31 mai 1862.)

I. — Les services financiers s'exécutent dans les périodes de temps de *gestion* et d'*exercice*.

II. — La gestion embrasse l'ensemble des actes d'un comptable.

III. — L'exercice est la période d'exécution des services d'un budget.

IV. — Le budget est l'acte par lequel sont prévues et autorisées les recettes et les dépenses annuelles de l'État ou des autres services que les lois assujettissent aux mêmes règles.

V. — Sont seuls considérés comme appartenant à un exercice les services faits et les droits acquis du 1er janvier au 31 décembre de l'année qui lui donne son nom.

VI. — Les indemnités à raison de dépossession de terrains, maisons, etc., pour cause d'utilité publique, appartiennent à l'année pendant laquelle la dernière des formalités voulues par la loi, ou par les instructions, ayant reçu son accomplissement, le certificat pour payement peut être délivré, et ce n'est pas l'époque de la prise de possession qui détermine l'exercice sur lequel ces indemnités doivent être imputées.

Si une circonstance exceptionnelle retarde la délivrance du certificat, l'imputation est déterminée par l'époque à laquelle il aurait pu être délivré sans cette circonstance.

VII. — Les indemnités pour dommages ou pour occupation temporaire de terrains se rattachent à l'exercice de l'année pendant laquelle le dommage ou l'occupation a eu lieu.

VIII. — L'exercice des intérêts dus, soit à des entrepreneurs sur le solde des travaux, soit à des vendeurs, à raison de cession d'immeubles, est fixé par l'échéance de ces intérêts suivant les stipulations.

IX. — Les retenues de garantie faites aux entrepreneurs des travaux de ponts et chaussées se rapportent à l'année pendant laquelle le certificat de réception définitive ayant été délivré, le payement en devient exigible.

X. — Par exception à l'article V, la durée de la période pendant laquelle doivent s'accomplir tous les faits de dépense d'un exercice peut se prolonger jusqu'au 1er février de la seconde année, pour achever, dans la limite des crédits ouverts, les services du matériel dont l'exécution n'aurait pu être terminée avant le 31 décembre pour des causes de force majeure ou d'intérêt public ;

Jusqu'au 31 juillet, pour la liquidation et l'ordonnancement des sommes dues aux créanciers;

Jusqu'au 31 août de cette seconde année, pour compléter les opérations relatives au recouvrement des produits et au payement des dépenses.

Spécialité des crédits par chapitre. — Le budget du ministère des travaux publics est divisé en deux sections relatives, l'une au *service ordinaire*, l'autre aux travaux publics *extraordinaires*, et en chapitres spéciaux qui, selon les cas, se subdivisent en articles, mais qui ne contiennent que des services corrélatifs ou de même nature; les sommes affectées par la loi à chacun de ces chapitres ne peuvent être appliquées à des chapitres différents.

Clôture des crédits. — Toutes les dépenses d'un exercice doivent être liquidées et ordonnancées dans les sept mois qui suivent l'expiration de l'exercice.

L'époque de la clôture des payements à faire par le Trésor public, sur les ordonnances des ministres, est fixée au 31 août de la seconde année de l'exercice.

Faute par les créanciers de réclamer leur payement avant le 31 août de la deuxième année, les ordonnances et les mandats délivrés à leur profit sont annulés, sans préjudice des droits de ces créanciers, et sauf réordonnancement jusqu'au terme de déchéance.

Dépenses sur exercices clos. — Les payements à effectuer pour solder les dépenses des exercices clos sont ordonnancés sur les fonds de l'exercice courant.

Le montant des payements effectués pendant le cours de chaque année, pour des exercices clos, est porté au crédit de ce chapitre et compris parmi les crédits législatifs, lors du règlement de l'exercice.

A l'expiration de la période quinquennale, fixée par l'article 9 de la loi du 29 janvier 1831, pour l'entier apurement des exercices clos, les crédits applicables aux créances restant encore à solder demeurent définitivement annulés, et l'exercice, arrivé au terme de déchéance, cesse de figurer dans la comptabilité des ministères.

Déchéance quinquennale des créances sur l'État. — (Loi du 29 janvier 1831, art. 9). — Sont prescrites et définitivement éteintes, au profit de l'État, sans préjudice des déchéances prononcées par les lois antérieures ou consenties par des marchés ou conventions, toutes les créances qui, n'ayant pas été acquittées avant la clôture des crédits de l'exercice auquel elles appartiennent, n'auraient pu, à défaut de justifications suffisantes, être liquidées, ordonnancées et payées dans un délai de cinq années, à partir de l'ouverture de l'exercice, pour les créanciers domiciliés en Europe, et de six années pour les créanciers résidant hors du territoire européen.

Les dispositions de l'article précédent ne sont pas applicables aux créances dont l'ordonnancement et le payement n'ont pu être effectués dans les délais déterminés, par le fait de l'administration ou par suite de pourvois formés devant le conseil d'État.

Le règlement du 28 septembre 1849, aujourd'hui en vigueur, dans son exposé sommaire du système général de la comptabilité du Ministère des Travaux publics, s'exprime en ces termes :

Article premier. — La comptabilité des divers services ressortissant au Ministère des Travaux publics a pour base des écritures élémentaires constatant tous les faits de dépense à mesure qu'ils se produisent.

Art. 2. — Les écritures élémentaires sont tenues par les agents chargés de la surveillance immédiate des travaux, et font l'objet des *journaux* ou *carnets d'attachements* sur lesquels tous les faits de dépense sont inscrits successivement par ordre de date.

Art. 3. — Les articles inscrits sur le journal sont rapportés et classés sur un *sommier* où sont ouverts autant de comptes qu'il y a de crédits distincts.

Dans le service des ponts et chaussées, l'agent chargé de la surveillance immédiate des travaux est le conducteur. Deux livres sont donc constamment entre ses mains, le carnet et le sommier. En outre, les dépenses constatées sont portées à la fin de chaque mois sur des états énumérés dans les instructions suivantes :

Comptabilité du Conducteur.

Art. 9. — *Journal ou carnet d'attachements.* — Tout conducteur attaché à l'exécution des travaux tient un *journal* ou *carnet d'attachements* (modèle n° 1) sur lequel il inscrit tous les faits de dépense à mesure qu'ils se produisent, par ordre chronologique, sans lacune, sans classification, quels que soient les ateliers confiés à sa surveillance, auxquels ces faits se rapportent.

Ce journal contient, sur la page gauche, le libellé des opérations et leurs résultats, soit en quantités seulement, soit à la fois en quantités et en deniers, suivant les divers cas.

En regard de chaque fait, il reçoit, sur la page de droite, les croquis et l'indication des pièces dont les détails ne peuvent pas être inscrits sur le carnet; enfin, les renseignements propres à justifier les quantités et les sommes portées sur la page de gauche.

Les agents secondaires et surveillants placés sous les ordres du conducteur sont pourvus de carnets semblables pour les ouvrages confiés à leur surveillance.

Les résultats consignés sur les carnets des agents secondaires et surveillants sont rapportés par le conducteur sur son propre journal.

Art. 10. — Les carnets sont délivrés par l'ingénieur en chef à l'ingénieur ordinaire, qui en numérote les feuillets et les paraphe par premier et dernier avant de les remettre au conducteur.

Chaque agent est responsable, vis-à-vis de l'Administration, de toutes les indications qu'il consigne sur son carnet et des omissions commises dans ses écritures. Il ne doit se dessaisir de ce carnet que sur l'ordre de ses chefs. Quand il cesse ses fonctions, il l'arrête et le remet à l'ingénieur.

Les carnets remplis sont visés *ne varietur* par l'ingénieur, qui les dépose dans les archives de son bureau.

Les carnets successivement remis, dans une même année, à chaque conducteur, reçoivent une série de numéros.

Art. 11. — Tout est écrit à l'encre sur les carnets.

Chaque attachement porte un numéro et est précédé de la date à laquelle il se rapporte.

Les attachements qui, par leur nature, doivent être contradictoires, reçoivent sur le carnet la signature de la partie intéressée. En cas de refus de celle-ci, le conducteur prévient aussitôt l'ingénieur.

Les dépenses qui figurent sur les carnets ne sont portées en compte qu'autant qu'elles sont ensuite admises par les ingénieurs. L'inscription sur le carnet ne constitue pas titre pour les entrepreneurs.

Le carnet est régulièrement visé par l'ingénieur.

Art. 12. — *Livret de caisse pour les avances à un régisseur comptable.* — Pour les travaux exécutés en régie au moyen d'avances remises à un agent du service, régisseur-comptable, il est fait usage d'un carnet spécial (modèle n° 1 *bis*) désigné sous le nom de livret de caisse.

Ce livret contient, sur la page de gauche, l'indication des numéros et des dates des mandats délivrés au nom du régisseur-comptable, l'inscription en toutes lettres et de la main du payeur des payements faits au régisseur, et la même indication en chiffres.

La page de droite indique, par ordre chronologique, les payements successivement effectués par le régisseur. On y trouve les dates de ces payements, la nature des dépenses, le montant des sommes payées et celui des pièces justificatives produites au payeur.

L'ingénieur constatera sur le carnet les résultats des vérifications qu'il doit faire des écritures, des pièces et de la caisse du régisseur.

Art. 13. — *Feuilles d'attachements des journées.* — Les journées d'ouvriers sont constatées par des feuilles d'attachements (modèle n° 2) tenues sur chaque atelier par le piqueur ou le surveillant.

Ces feuilles, arrêtées à la fin du mois, ou plus fréquemment s'il est nécessaire, sont remises au conducteur, qui en inscrit immédiatement les résultats sur son carnet. (Voir n° 7 du carnet.)

A la fin du mois, toutes les feuilles de journées sont envoyées à l'ingénieur.

Art. 14. — *Procès-verbal de réception des matériaux.* — Les réceptions définitives de matériaux sont faites par l'ingénieur ordinaire, accompagné du conducteur et en présence de l'entrepreneur.

Elles sont constatées par des procès-verbaux (modèle n° 3), dressés en triple expédition. L'une de ces expéditions est remise à l'entrepreneur, la seconde est conservée par l'ingénieur, et la troisième est envoyé à l'ingénieur en chef.

Les quantités de matériaux reçus font immédiatement l'objet d'un article au journal du conducteur. (Voir n° 5.)

Art. 15 — *Feuille de repiquages.* — Lorsque des travaux de repiquage sont exécutés pour l'entretien des chaussées pavées, les résultats en sont constatés par des feuilles spéciales (modèle n° 4).

Le piqueur ou surveillant inscrit chaque soir sur son carnet les résultats des feuilles de la journée.

Il remet ces feuilles au conducteur qui, après les avoir vérifiées, en constate sommairement le résultat sur son journal et les envoie à la fin du mois à l'ingénieur.

Art. 16. — *Sommier.* — Les faits de dépense, inscrits chronologiquement par le conducteur sur son journal ou carnet d'attachements, sont rapportés par article de ce carnet sur un *sommier* (modèle n° 5) où un compte particulier est ouvert à chacun des crédits dont ce conducteur est chargé de surveiller l'emploi.

Art. 17. — Au moyen des éléments extraits du journal ou carnet d'attachements, et rapportés à chacun des comptes ouverts au sommier, le conducteur établit, à la fin de chaque mois, les états ci après désignés, qu'il envoie à l'ingénieur ordinaire, et qui servent de base à la comptabilité que ce fonctionnaire doit tenir pour l'ensemble de son service, et aux propositions de payement qu'il doit adresser à l'ingénieur en chef.

Art. 18. — *État des travaux en régie exécutés à la tâche.* — Les travaux en régie exécutés par des tâcherons sont détaillés sur des états conformes au modèle n° 6.

Art. 19. — *Décompte des cantonniers.* — Le décompte des cantonniers, éclusiers, gardes et autres agents est établi sur un état (modèle n° 7).

Art. 20. — *Situations mensuelles.* — 1° **Travaux d'en-**

tretien. — Les situations mensuelles de travaux d'entretien dits de première catégorie sont présentées par route, pont, rivière, etc., conformément aux modèles nos 8 et 8 *bis*.

2° **Travaux neufs et grosses réparations.** — Les situations mensuelles de travaux neufs et de grosses réparations dits de deuxième catégorie (modèle n° 9), sont produites par article et par entreprise.

ART. 21. — *Métrés détaillés des travaux.* — Les ouvrages exécutés sont portés sur les situations mensuelles (modèles nos 8, 8 *bis* et 9) en quantités sommaires. Pour justifier ces quantités, le conducteur doit joindre, lorsqu'il y a lieu, à chacune de ces situations, un métré détaillé dans la forme du modèle-annexe 8, 8 *bis* et 9.

ART. 22. — *Bordereau des pièces envoyées à l'ingénieur.* — Les états et situations adressés chaque mois par le conducteur à l'ingénieur ordinaire sont accompagnés d'un bordereau conforme au modèle n° 10.

Ces pièces doivent parvenir à l'ingénieur ordinaire le 5 de chaque mois au plus tard.

La circulaire ministérielle du 25 octobre 1851 a donné des instructions détaillées pour l'exécution du règlement du 28 septembre 1849. Nous en détachons les parties qui intéressent directement le conducteur en les faisant suivre des modèles qui s'y rapportent.

N° 1. — Journal ou carnet d'attachements.

Le carnet est unique et universel; quels que soient les ateliers surveillés par chaque conducteur, que les travaux soient exécutés sur le budget du ministère des travaux publics ou sur celui du ministère de l'intérieur, sur les fonds du Trésor, des départements ou des communes, c'est sur le même carnet que doivent être inscrits tous les faits de dépense de la gestion confiée à un conducteur.

Pour chaque carnet qui lui est remis, le conducteur ne recommence pas une série de numéros d'ordre, mais continue la même série du commencement à la fin de l'année.

— *Tous les faits de dépenses, de quelque nature qu'ils soient*, doivent être inscrits sur le carnet, mais on ne doit pas y faire figurer les observations qui se rapportent aux autres parties du service. C'est sur un carnet spécial ou sur des feuilles préparées *ad hoc* que ces observations doivent être portées, ainsi que les opérations de nivellement, de lever de plans, etc., qu'un conducteur est appelé à faire tous les jours.

L'inscription sur le carnet des menues fournitures, des journées, des dépenses en régie et des ouvrages exécutés par les entrepreneurs, alors que ces ouvrages sont entièrement terminés, se fait sans difficulté.

Quant aux travaux non terminés et aux approvisionnements, ils doivent être séparés d'une manière parfaitement distincte des ouvrages terminés et dont le métré est définitif.

Il faut procéder à la fin de chaque mois, sans tenir aucun compte des inscriptions du mois précédent, à une constatation nouvelle *ab ovo* des ouvrages non terminés et des approvisionnements.

Ces constatations se feront à l'époque la plus rapprochée de la fin du mois que le permettront les exigences du service.

Les inscriptions seront, pour chaque atelier, distinctes des celles qui se rapportent au métré définitif des ouvrages, et formeront des articles nettement séparés, portant en tête :

« Travaux non terminés. »

« Approvisionnements. »

Et, lorsque la situation du mois suivant aura été établie, on tirera un trait rouge en marge de ces articles, afin que, dans les vérifications et les recherches à faire ultérieurement, ils ne puissent donner lieu à aucune confusion.

L'article 11 du règlement du 28 septembre 1849 porte que les attachements qui par leur nature doivent être contradictoires reçoivent sur le carnet la signature de la partie intéressée.

Pour les ouvrages non terminés et pour les approvisionnements, la signature de l'entrepreneur ne doit pas être réclamée.

C'est au bas des inscriptions contradictoires que les signatures des parties doivent être apposées. Il est indispensable que l'on indique bien nettement à quels articles se rapporte chaque signature.

Dans toutes les opérations contradictoires l'agent de l'Administration doit apposer sa signature à côté de celle de la partie intéressée.

Il n'est pas nécessaire que les conducteurs et les agents secondaires signent tous les articles qu'ils inscrivent sur leur carnet ; il faut seulement qu'au bas de chaque page remplie, ils apposent leur signature ou leur paraphe.

Les conducteurs étant quelquefois chargés de diriger les régies établies au compte des entrepreneurs, quelques ingénieurs ont demandé si les différentes opérations faites par la régie devaient être inscrites sur le carnet unique du conducteur, ou s'il convenait de tenir un carnet spécial. C'est évidemment le second système qui doit être adopté.

Lorsqu'un conducteur est remplacé, à moins de circonstances particulières qui détermineraient les ingénieurs à conserver tous les documents de comptabilité qui se rapportent à sa gestion, le nouveau conducteur est mis en possession du carnet de son prédécesseur, et continue la même série de numéros. Il faut seulement que les faits des deux gestions soient séparés, parfaitement distincts, et qu'aucune confusion ne puisse avoir lieu.

En fin d'exercice, le carnet, rempli ou non, est nécessairement clos, et c'est sur un nouveau carnet, avec une nouvelle série de numéros d'ordre, que les faits de dépenses se rapportant à l'exercice qui commence sont constatés.

On trouvera ci-après le modèle d'un carnet où figurent des inscriptions. Un examen attentif donnera une idée générale de la manière de procéder. Nous y reviendrons dans notre résumé.

Nos du journal.	COMPTE ouvert au SOMMIER. Nos d'ordre.	COMPTE ouvert au SOMMIER. TITRES.	EMPLACEMENT des travaux.	NOMS des entrepreneurs, fournisseurs, etc.	ATTACHEMENTS.	QUANTITÉS.	ARGENT.
							Francs.
1	»	Cantonniers des routes nationales	»	»	*Le 13 août.* Amende de 2 francs imposée au sieur Bertin, cantonnier, pour inexécution d'ordres.	»	pr mémoire
2	1	Route nationale n° 13, entretien, régie.	»	Le sieur Varnier, quincaillier.	*Le 15 août.* Fourniture de fil de fer, quittance montant à. . .	»	2 40
3	2	*Idem.*	»	Le sieur Chalot, entrepreneur.	Fourniture de ciment de Porland, mémoire montant à.	»	16 »
4	3	*Idem.*	Au droit du cimetière de Neuilly.	Les sieurs Verdier et Langlois, tâcherons.	*Le 18 août.* Cassage et emmétrage de pierre à 3.50	13 26	
					Répandage de pierres cassées et transport de brouette à 0.25.	13 26	
5	4	Route nationale n° , entretien.	Entre Paris et Neuilly, aux abords du nouveau ponceau.	Le sieur Julien, entrepreneur.	*Le 22 août.* Procès-verbal de réception de matériaux : Relevé à bout . . Pavés	2,400 »	
					Boutisses. . .	100 »	
					Sable pour le relevé à bout.	44 25	
			Entre Neuilly et Courbevoie.		Repiquages. — Sable . . .	27 »	
6	8	Cantonniers des routes	»	»	*Le 1er septembre.* Route nationale n° 13. — 193 fr. 41 c.	»	193 41
7	5	Route nationale n° 13, régie.	1re station.	»	*Le 1er septembre.* Feuille d'attachement du sieur Bertin, 66 fr. 75 c.	»	66 75
8	6	Route nationale n° 13, entretien.	Entre Paris et la borne 7 k. 2.	Le sieur Julien, entrepreneur.	*Le 1er septembre. Relevé à bout aux abords du nouveau ponceau.* Relevé à bout.	260 »	
					Retaille de vieux pavés. .	1,100 »	
					Pavés de rebut pour charge et transport à 800 mètres	500 »	
					Ecales pour charge et transport à 10,000 mètres et régalage.	5 »	
9	7	Route nationale n° 13, entretien.	Entre Neuilly et Courbevoie.	Le sieur Julien, entrepreneur.	*Le 1er septembre. Repiquages exécutés pendant le mois d'août.* Baies de 1 à 4 pavés . . .	64 »	
					Baies de 5 à 40 pavés. . .	301 »	
					Baies au-dessus de 40 pavés	96 »	

OBSERVATIONS, CROQUIS, RENSEIGNEMENTS de toute nature.	NOMBRE de parties.	DIMENSIONS. Lon-gueur.	Lar-geur.	Hauteur ou épais-seur.	SURFACES, CUBES ou poids partiels.	totaux.
		mètres.	mètres.	mètres.		
Approuvé par M. l'Ingénieur, le 16 août.						
État envoyé à M. l'Ingénieur, le						
Porté à la situation du						
1er cordon. . .	»	10 »	1 25	» 60	7 50	13 26
2e cordon . . .	»	8 »	1 20	» 60	5 76	
Envoyé à M. l'Ingénieur, le 23 août. Porté à la situation du						
Métré du sable pour le relevé à bout.	4	6 »	1 25	» 60	18 »	44 25
	5	4 »	1 25	» 60	15 »	
	3	5 »	1 25	» 60	11 25	
État envoyé, le 3 septembre, à M. l'Ingénieur.						
Envoyé à M. l'Ingénieur, le 3 septembre. Porté à la situation du						
Les fournitures de matériaux sont comprises dans le procès-verbal de réception inscrit sous le n° 4 du journal. *Métré du relevé à bout :*						
Chaussée.	»	40 »	6 »	»	240 »	260 »
Raccordement de la rue d'Orléans.	»	5 »	4 »	»	20 »	
Récapitulation comprise dans la situation du						

N° 1 *bis*. — Livret de caisse.

Lorsqu'une régie est indispensable, l'Administration fait à un agent nommé régisseur par le préfet, sur la proposition de l'ingénieur en chef, des avances de fonds qui sont inscrites sur un livret de caisse. Le total de ces avances ne doit pas, aux termes du décret du 31 mai 1862 (art. 94), excéder vingt mille francs, à la charge par le régisseur de produire au payeur, dans le délai d'un mois, les pièces justificatives.

Aucune nouvelle avance ne peut, dans cette limite de vingt mille francs, être faite par un payeur, pour un service régi par économie, qu'autant que toutes les pièces justificatives de l'avance précédente lui auraient été fournies, ou que la portion de cette avance dont il resterait à justifier aurait moins d'un mois de date.

Toutefois, pour les services qui s'exécutent en Algérie ou à l'étranger, le chiffre des avances et le délai dans lequel leur justification doit être fournie au payeur, pourront excéder la limite réglementaire, en vertu de dispositions spéciales concertées entre les départements ministériels compétents, sans néanmoins que, pour l'Algérie, le montant de l'avance puisse excéder le chiffre de trente-cinq mille francs, ni le délai dépasser quarante-cinq jours.

Il est aussi fait usage du livret de caisse par les régisseurs intermédiaires chargés d'opérer dans le courant de chaque semestre, aux caisses des retraites et d'épargne, les retenues exercées sur les salaires des cantonniers. Leur comptablité est soumise aux mêmes règles que celle des régisseurs-comptables.

Un agent du service, quel que soit le nombre de régies dont il aura été nécessaire de le charger, et quelle que soit la nature des fonds destinés à payer les dépenses, ne doit jamais avoir qu'un seul livret de caisse, comme il n'a qu'un carnet d'attachements, quels que soient les ateliers confiés à sa surveillance.

Sur la première page, le payeur inscrit les avances qu'il fait au régisseur.

La deuxième est remplie par le régisseur, qui y inscrit par ordre de date tous les payements qu'il effectue ; il le fait d'une manière sommaire et sans entrer dans les détails d'une facture ou d'un état de journées, qu'il solde intégralement ; il se borne à inscrire le montant de la facture ou de l'état.

La quatrième colonne, qui a pour titre « Payements justifiés au payeur, » est destinée à recevoir le total de chaque bordereau qui accompagne les pièces justificatives adressées au payeur; la date de l'envoi de ce bordereau est écrite dans la première colonne de la page, et c'est dans la colonne des observations que le régisseur porte en regard la date du renvoi par le payeur du bordereau qui le libère.

Au lieu de continuer par des reports, du commencement à la fin du livret, l'inscription de payements qu'il a opérés, le régisseur fera bien d'arrêter les comptes toutes les fois qu'il sera libéré ; cette manière de procéder rendra souvent les vérifications plus faciles.

Nous donnons plus loin la formule du livret de caisse ; elle est simple, nous ne nous y arrêterons pas plus longtemps.

MANDATS.

NUMÉROS.	DATES.	INSCRIPTION PAR LE PAYEUR (1) des payements faits au Régisseur.	MONTANT.

(1) Par le mot payeur, il faut entendre tout agent du Trésor chargé de remettre au régisseur la somme pour laquelle un mandat lui a été délivré. (*Circulaire ministérielle du 16 mars* 1850.)

PAYEMENTS.

DATES.	NATURE DES DÉPENSES.	SOMMES payées	PAYEMENTS justifiés au Payeur.	OBSERVATIONS.

2° Feuilles d'attachement et de journées.

Il importe qu'après avoir inscrit les noms des ouvriers dont l'emploi est autorisé, le surveillant ne puisse pas, alors que la journée est expirée et qu'aucune vérification n'a été faite, ajouter de nouveaux noms à ceux des ouvriers qui ont réellement travaillé.

La case réservée à chaque ouvrier, pour une journée, doit contenir autant de divisions qu'il y a de reprises; il doit y avoir un appel constaté par une marque dans la partie correspondante de la case.

Il doit être admis sur tous les ateliers que l'ouvrier qui ne se présente pas à l'heure de la reprise, ou qui quitte le travail avant la fin, perd tout le temps de la reprise, et que le surveillant doit immédiatement constater son absence.

Il est essentiel de remarquer que, pour empêcher l'addition ultérieure de noms d'ouvriers étrangers à l'atelier, les surveillants doivent être tenus de porter chaque jour le signe d'absence, non-seulement au droit du nom de chaque ouvrier absent, mais aussi au droit de toutes les cases non remplies de la deuxième colonne de la feuille d'attachement.

Nous donnons ci-contre la feuille d'attachement portée au journal sous le n° 6. — Chaque trait horizontal indique une demi-journée. Les résultats des vérifications faites par le chef-cantonnier et le conducteur à leur passage sur la route y figurent. Nous n'avons pas donné le signe de l'absence, qui varie suivant les départements. Dans quelques-uns, les absences des ouvriers sont constatées pour chaque division de la journée au moyen d'un trou fait avec une épingle. Il appartient aux ingénieurs de déterminer les signes à employer pour faire ces constatations.

FEUILLE D'ATTACHEMENT

MINISTÈRE DES TRAVAUX PUBLICS.

—

PONTS ET CHAUSSÉES

—

DÉPARTEMENT DE LA SEINE.

—

Arrondissement de M. VAUTHIER.

ROUTE NATIONALE N° 13,

Feuille d'attachement des journées d'ouvriers

NUMÉROS D'ORDRE.	NOMS et PRÉNOMS.	SIGNATURE de l'ouvrier.	DOMICILE.	1	2	3	4	5	6	7	8	9	10	11	12	13	14	15
1	Duchesne (Pierre)		Neuilly.				 -	- -	- -	- -	- -	- -		- -	- -	- -	- -	- -
2	Barbier (Théodore)		Courbe-voie.							- -	- -	- -						
3																		
4									Un ouvrier. — Le cantonnier-chef. — VINCENT.									
5																		
6																		
7																		
			TOTAUX.	»	»	»	0,5	1	1	2	2	2	»	1	1	1	1	1

Le présent état de *24* journées, montant à *soixante-six francs soixante-quinze centimes*, vérifié par le conducteur soussigné, et inscrit sous le n° 7 de son journal.

A Paris, le 1er septembre 1873.

DUBREUIL.

La présente feuille d'attachement comprenant d'ouvriers employés comme il est dit ci-dessus,

N° DU ROLE 1.

—

SUBDIVISION DE M. DUBREUIL, CONDUCTEUR.

—

Le sieur BERTIN, surveillant.

DE PARIS A CHERBOURG

employés du 1er août au 31 août 1873.

16	17	18	19	20	21	22	23	24	25	26	27	28	29	30	31	TOTAL.	PRIX de la journée.	SOMMES à payer.	VISAS DU CONDUCTEUR et résultats de ses vérifications
— —		— —	— —													13.5	3	40.50	Le 9 août 1873, 6 journées et demie.
— —		— —	— —	— —	— —	— —	— —		—							10.5	2.50	26.25	*Le conducteur,* DUBREUIL.
2 ouvriers.—Le cantonnier-chef. VINCENT.																			
2	»	2	2	1	1	1	1	»	0,5	»	»	»	»	»	»	24 »	»	66.75	

un nombre total de *vingt-quatre* journées tenue et certifiée par le soussigné.

A Courbevoie, le 31 août 1873.

BERTIN.

Arrêté à la somme de par l'ingénieur ordinaire soussigné.

A , le 187

N° 3. — Procès-verbaux de réception de matériaux.

Les conducteurs ne font qu'assister à l'opération, et leur rôle consiste seulement à constater au bas du procès-verbal qu'ils ont inscrit sur leurs carnets les résultats de la réception faite par les ingénieurs. (Voir cette inscription au carnet, sous le n° 4.)

MINISTÈRE
des
TRAVAUX PUBLICS

PONTS ET CHAUSSÉES
—
DÉPARTEMENT DE LA SEINE
—
ARRONDISSEMENT DU NORD
—
EXERCICE 1873.
—
N°

ROUTE NATIONALE N° 13, DE PARIS A CHERBOURG

TRAVAUX D'ENTRETIEN. — 1er LOT

Adjudication passée le 15 mars 1871, au profit du sieur Julien (Alfred).

Le vingt-deux août mil huit cent soixante-treize,
Nous, soussigné, ingénieur ordinaire, accompagné de M. Dubreuil, conducteur, nous sommes rendu sur la route nationale n° 13, à l'effet de procéder, en présence de l'entrepreneur, à la réception des matériaux par lui approvisionnés.
Ceux de ces matériaux auxquels nous avons reconnu les qualités et dimensions prescrites par les devis, sont les suivants, sous réserve des observations et retenues indiquées ci-après :

DÉSIGNATION des SECTIONS DE LA ROUTE où sont déposés les matériaux.	NUMÉROS des KILOMÈTRES	ESPÈCES DE MATÉRIAUX.					OBSERVATIONS
		PAVÉS CUBIQUES de 2e échan.	BOUTISSES	SABLE.			DÉTAIL DES RETENUES A OPÉRER.
Entre Neuilly et Courbevoie	7k320	2.400	100m	71m25			
TOTAUX. . . .		2.400	100m	71m25			

Nous avons, en conséquence, reçu les (1) *deux mille quatre cent pavés de 2e échantillon, les cent boutisses et les soixante-onze mètres vingt-cinq centièmes de sable* dont le compte détaillé est donné dans le tableau qui précède, et sous réserve des retenues qui y sont indiquées.

Le présent procès-verbal, dressé en triple expédition, dont l'une a été remise au sieur Julien.

L'ingénieur ordinaire,
VAUTHIER.

Inscrit par le conducteur,
sous le n° 4 du Journal.
DUBREUIL.

Accepé
par l'entrepreneur :
JULIEN.

(1) Écrire les quantités en toutes lettres.

NOTA. — Si l'entrepreneur a quelques observations à faire, il devra les présenter par écrit, dans les dix jours qui suivront la rédaction du procès-verbal, pour être statué par qui de droit, ainsi qu'il appartiendra.

N° 4. — Feuille de Repiquage.

Le relevé exact des dimensions d'une flache, dans une chaussée pavée, présente quelquefois des difficultés, même aux personnes habituées aux opérations de métrage. On a, dans plusieurs départements, indiqué dans le devis le nombre de pavés de divers échantillons qui représentent un mètre superficiel. Il suffit alors de compter, avant la démolition, le nombre de pavés à enlever, et tout surveillant peut faire ce comptage sans difficulté.

MINISTÈRE DES TRAVAUX PUBLICS.

PONTS ET CHAUSSÉES.

DÉPARTEMENT de la Seine

ANNÉE 1873.

MOIS D'AOUT.

Journée du

FEUILLE N° 1.

ROUTE NATIONALE N° 13.

COMPOSITION DE L'ATELIER. . . 1 Chef d'atelier. 4 Paveurs. 1 Dresseur. 1 Ficheur. 2 Manœuvres.

Le temps du travail a été de 10 heures.

DÉSIGNATION des PARTIES DE ROUTE.	Nos des Flaches	MATÉRIAUX ARRACHÉS.			MATÉRIAUX NEUFS EMPLOYÉS.					OBSERVATIONS.
		Baies de 1 à 4 pavés.	Baies de 5 à 40 pavés.	Baies au-dessus de 40 pavés.	Sable.	Pavés	Bordures.	Boutisses.	»	
	1									
	2									
	3									
	4									
	5									
	6									
	7									
	8									
A reporter. .										

DÉSIGNATION des PARTIES DE ROUTE.	Nos des Flaches	MATÉRIAUX ARRACHÉS.			MATÉRIAUX NEUFS EMPLOYÉS.					OBSERVATIONS.
		Baies de 1 à 4 pavés.	Baies de 5 à 10 pavés.	Baies au-dessus de 10 pavés.	Sable.	Pavés	Bordures.	Boutisses.	»	
Report. .										
	9									
	10									
	11									
	12									
	13									
	14									
	15									
	16									
	17									
	18									
	19									
	20									
	21									
	22									
	23									
	24									
	25									
	26									
	27									
A reporter. .										

DÉSIGNATION des PARTIES DE ROUTE.	Nos des Flaches	MATÉRIAUX ARRACHÉS.			MATÉRIAUX NEUFS EMPLOYÉS.					OBSERVATIONS.
		Baies de 1 à 4 pavés.	Baies de 5 à 40 pavés.	Baies au-dessus de 40 pavés.	Sable.	Pavés	Bordures.	Boutisses.	»	
Report. .										
	28									
	29									
	30									
	31									
	32									
	33									
	34									
	35									
	36									
	37									
	38									
	39									
TOTAUX		12 80	60 20	19 20	27 »	»	»	»	»	

Certifié par le Cantonnier-chef chargé de la surveillance des Repiquages,

VINCENT.

Reconnu exact :

Le chef d'atelier de l'Entrepreneur,

RENAUX.

Vérifié par le Conducteur de la Division,

DUBREUIL.

N° 5. — Sommier du conducteur.

Le sommier du conducteur est le complément nécessaire des écritures tenues par cet agent du service ; le carnet constitue son journal, le sommier est son grand-livre. Ces deux éléments sont indispensables pour former une comptabilité régulière.

Le conducteur devant conserver une part importante dans la responsabilité des résultats obtenus au moyen du dépouillement des faits de dépense inscrits sur son carnet, ce dépouillement doit être fait par lui-même. Il ne peut avoir lieu dans le bureau et par les soins de l'ingénieur ordinaire, que dans le cas exceptionnel prévu par la circulaire du 29 novembre 1849.

Le conducteur ouvre à son sommier les divers comptes où il doit classer, par article de la sous-répartition, conformément aux articles 3 et 16 du règlement, les faits de dépense extraits de son carnet.

Ces comptes sont :

1° *Pour chaque entreprise,*

Un compte des travaux aux prix de la série ou des marchés approuvés. Ce compte doit être divisé en deux parties : l'une concernant les travaux terminés, l'autre concernant les travaux non terminés et les approvisionnements;

Un compte des dépenses imputables sur la somme à valoir;

2° *Pour chaque route, chaque rivière, chaque canal, etc.*

Un compte des dépenses en régie et des ouvriers auxiliaires;

Un compte des cantonniers.

On trouvera plus loin le modèle d'un sommier composé d'exemples des comptes ci-après :

1° Compte d'une entreprise. — Travaux terminés ;

2° Id. — Ouvrages non terminés et approvisionnements ;

3° Compte des dépenses en régie;

4° Compte des cantonniers.

Premier compte. — Travaux terminés.

La partie de ce compte qui est intitulée *Éléments du décompte de l'entreprise,* se compose de deux cadres : le premier cadre ayant pour titre *Ouvrages qui se présentent le plus souvent,* est formé de colonnes verticales destinées à recevoir l'inscription en quantités des ouvrages qui se présentent fréquemment pendant l'exécution de l'entreprise ; le second cadre, formé de quatre colonnes, est réservé aux ouvrages qui ne se présentent que rarement, ou qui n'ont pas pu trouver place dans les colonnes qui précèdent. On porte dans la première de ces quatre colonnes les quantités d'ouvrages, dans la deuxième, les numéros des sous-détails, dans la troisième les prix, dans la quatrième le montant des ouvrages.

Une dernière colonne ayant pour titre *Total des dépenses faites*, doit présenter le total des sommes résultant de la conversion en argent, par l'application des prix de la série, des quantités portées dans les colonnes du premier cadre, et de la somme résultant de l'addition de toutes les sommes partielles portées dans la quatrième colonne du second cadre.

Pour rendre le travail plus simple et les recherches plus faciles, il convient de diviser les entreprises qui présentent un trop grand nombre de prix par sections de l'avant-métré, par ouvrages d'art, par nature de travaux, terrassements, maçonnerie, charpente, etc. Une récapitulation, placée à la suite des différents tableaux se rapportant à une seule entreprise ou à un même article de la sous-répartition, reçoit à la fin de chaque mois le total de chaque tableau et présente la situation générale de l'entreprise.

Le compte d'un entrepreneur ne doit comprendre que les travaux exécutés au prix de la série ou des marchés approuvés. On ne doit jamais y faire figurer ni dépenses diverses, ni dépenses à prix convenus. S'il s'agit de dépenses considérables, le marché doit avoir été préalablement approuvé ; si, au contraire, il s'agit de menues dépenses, pour lesquelles une autorisation spéciale n'est pas nécessaire, elles doivent naturellement être portées à l'article des dépenses en régie, alors même qu'elles sont faites par l'entrepreneur.

Il n'est nullement nécessaire de porter les retenues de garantie sur le sommier à la fin des comptes mensuels. La notification des crédits n'est faite au conducteur qu'à titre de renseignement, et il lui sera toujours facile, par un calcul très-simple, de se rendre compte de ce qu'il lui reste à dépenser.

Nous donnons, d'après le règlement, des exemples d'écritures à passer au sommier. Ces exemples se rapportent aux inscriptions faites sur le carnet.

NUMÉROS et DATES DU CARNET.		NUMÉROS D'ORDRE DU SOMMIER.	INDICATION DES TRAVAUX.	ÉLÉMENTS D				
				FOURNITURE DE MATÉRIAUX.				
				Pavés S. D. nº 6 425 fr.	Boutisses S. D. nº 9 637 fr. 50	Sable S. D. nº 12 3 fr. 80	Gravier à	Pierr cass à
Article			**de la Sous-Répartition.**		*ROUTE Nº* 13			
2	15 août. . . .	1	Quittance du sieur Varnier, quincaillier.	»	»	»	»	»
3	dº	2	Mémoire du sieur Chalot, entrepreneur.	»	»	»	»	»
4	dº	3	Travaux à la tâche par les sieurs	»	»	»	»	»
5	22 août. . . .	3	Matériaux reçus pour le relevé à bout aux abords du ponceau. . .	2.400	100	44 25	»	»
			Sable reçu pour les repiquages. .	»	»	27 »	»	»
7	1er septembre	4	Ouvriers auxiliaires pour le mois d'août.	»	»	»	»	»
8	dº	6	Relevé à bout et retaille de pavés	»	»	»	»	»
			Pavés de rebut pour charge et transport à 800 mètres.	»	»	»	»	»
			Écales pour charge, transport à 1,000 mètres et régalage. . . .	»	»	»	»	»
9	dº	6	Repiquages exécutés en août. . .	»	»	»	»	»
			Quantités.	2.400	100 »	71 25	»	»
			Dépenses.	1.002	63 75	270 75	»	»

ÉCOMPTE DE L'ENTREPRISE.

TRAVAUX D'ENTRETIEN. Crédit de

…ievé …pout …D. …17 43.	REPIQUAGES. Baies de 1 à 4 pavés S. D. nº 19 à 0.70.	Baies de 5 à 40 pavés S. D. nº 20 à 0.50	Baies au-dessus de 40 pavés S. D. nº 2 à 0.40	Retaille de pavés S. D. nº 24 à 1.60	à	OUVRAGES qui n'ont pas pu être portés dans les colonnes précédentes. Quantités.	Numéros des sous-détails.	Prix.	Sommes.	TOTAL.	Les dépenses inscrites dans ces colonnes appartiennent au 3e compte (régie) MONTANT des journées.	des mémoires.	TOTAL.
»	»	»	»	»	»	»	»	»	»	»	»	2 40	
»	»	»	»	»	»	»	»	»	»	»	»	16 »	68 12
»	»	»	»	»	»	»	»	»	»	»	»	49 72	
»	»	»	»	»	»	»	»	»	»	»	»	»	»
»	»	»	»	»	»	»	»	»	»	»	»	»	»
»	»	»	»	»	»	»	»	»	»	»	66 75	»	»
…0 »	»	»	»	1.100	»	»	»	»	»	»	»	»	»
»	»	»	»	»	»	500	15	8.42	4 21	»	»	»	»
»	»	»	»	»	»	5	9	1.26	6 30	»	»	»	»
»	64 »	301 »	96 »	»	»	» »	»	»	»	»	»	»	»
…60 »	64 »	301 »	96 »	1.100	»	»		»	»	»	»	»	»
…11 80	44 80	150 50	38 40	66 »	»	»		»	10 51	1.758 51	»	»	»
					Rabais de 0 fr. 05 par franc					87 93			
					Total au 1er septembre					1.670 58			

Le sieur *Entrepreneur*

NUMÉROS et DATES du carnet.		NUMÉROS D'ORDRE du sommier.	INDICATION DES TRAVAUX.	ÉLÉMENTS D				
				OUVRAGES QUI SE PRÉSENTE				
					Terres dures. Fouille et charge. S. D. nº 7, à 50 c.	Pavés de S. D. nº 48 à 300 francs.		Sable S. D. nº 24
Article			**de la sous-répartition.**	*ROUTE NATIONALE N*				
101	12 janvier. .	1	Déblais au delà de la traverse .	»	mc 5.000	»	»	»
117	20 — . .		Terres dures pour fouille, charge	»	»	»	»	»
		3	Transport à 1,100m et régalage .	»	»	»	»	»
121	22 — . .	2	Pavés d'échantillon	»	»	4.000P	»	»
	22 — . .	4	Sable pour pavage	»	»	»	»	35m
124	23 — . .	5	Béton pour fondation	»	»	»	»	»
	23 — . .	6	Sable pour pavage.	»	»	»	»	15
126	30 — . .	7	Relevé à bout.	»	»	»	»	»
	30 — . .	8	Béton pour fondation	»	»	»	»	»
			QUANTITÉS	»	5.	1.000P	»	50m
			DÉPENSES.	»	2.500f	1.200f	»	12.
212	15 février. .	9	Béton pour fondation	»	»		»	»
		10	Maçonnerie de moellons	»	»	»	»	»
287	25 — . .	11	Béton pour fondation	»	»	»	»	»
		12	Maçonnerie de moellons.	»	»	»	»	»
321	26 — . .	13	Terres dures pour fouille et charge	»	mc 4.500	»	»	»
			QUANTITÉS	»	mc 4.500	»	»	»
			DÉPENSES.	»	2.250f	»	»	»

Adjudication passée le *Rabais de 0 fr. 10 c. par franc.*

Amélioration entre **Crédit de 100,000 francs.**

…ÉCOMPTE DE L'ENTREPRISE.										
…E PLUS SOUVENT.					OUVRAGES qui n'ont pas pu être portés dans les colonnes précédentes.				TOTAL des DÉPENSES faites.	OBSERVATIONS.
…à bout. S. D. nº 25. à 45 c.		Béton S. D. nº 47 à 47 francs.		Maçonnerie de moellons. S.D. nº 51 à 20 fr.	QUANTITÉS.	Numéros des sous-détails	PRIX.	SOMMES.		
»	»	»	»	»	mc »	»	»	»		NOTA. — Les travaux non terminés et les approvisionnements imputés sur l'exercice précédent s'élèvent à. . . 34,300 francs.
»	»	»	»	»	»	»	»	»		
»	»	»	»	»	3.700	7, 9, 10	1f 20c	4.340f		
»	»	»	»	»	»	»	»	»		
»	»	»	»	»	»	»	»	»		
»	»	95mc	»	»	»	»	»	»		
»	»	»	»	»	»	»	»	»		
300mc	»	»	»	»	»	»	»	»		
»	»	5	»	»	»	»	»	»		
300mc	»	100mc	»	»	»	»	»	»		
135f	»	1.700f	»	»	»	»	»	4.340f	10.000f	
À DÉDUIRE le rabais de 10 0/0									1.000	
RESTE à compter.									9.000f	
»	»	295mc	»	mc »	»	»	»	»		
»	»	»	»	82 50	»	»	»	»		
»	»	205	»	130	»	»	»	»		
»	»	»	»	»	»	»	»	»		
»	»	»	»	»	»	»	»	»		
»	»	500mc	»	mc 212 50	»	»	»	»		
»	»	8.500f	»	4.250f	»	»	»	»	15.000f	
À DÉDUIRE le rabais de 10 p. 0/0. . . .									1.500	
RESTE à compter pour le mois . .									13.500f	
À AJOUTER les dépenses des mois antérieurs									9.000	
TOTAL.									22.500f	

Deuxième compte. — Ouvrages

Les neuf colonnes de ce compte comprennent les numéros et les dates du carnet, les
sous-détails, les prix, les dépenses par article et par nature d'ouvrages, et une colonne
Comme sur le carnet le compte des travaux non terminés et des approvisionnements
Le compte établi pour la situation précédente sera arrêté par un double trait dans
tiré en marge afin d'éviter toute confusion.

NUMÉROS et DATES du carnet.		Nos D'ORDRE du sommier.	INDICATION des OUVRAGES.	QUANTITÉS.	NUMÉROS des SOUS-DÉTAILS.	PRIX DE L'UNITÉ.	DÉPENSES.		OBSERVATIONS.
							par ARTICLE.	par nature d'ouvrages.	
			ROUTE NATIONALE N°						
			MOIS DE JANVIER.						
			Travaux non terminés						
125	29 janv.	1	Déblais de terres dures pour fouille, charge et transport à 500 mètres . . .	7.000m »	7, 9	0f90c	6.300f »		
127	30 janv.	2	Déblais.	»	»	»	»	22.730 »	
		3	. . . .	»	»	»	»		
		7	Maçonnerie de moellons au-dessus de l'assise de fondation	57 09	51	20 »	1.141 80		
		8	. . . .	»	»	»	»	7.270 80	
		9	. . . .	»	»	»	»		
			TOTAL	. . . . .	. . .	. . .	. . . .	30.000 »	
			A déduire le rabais de 10 c. par franc.	. . . . .	. . .	. . .	. . . .	3.000 »	
			Reste à compter pour travaux non terminés.	. . . . .	. . .	. . .	. . . .	27.000 »	
			Approvisionnements						
151	31 janv.	22	Moellons durs de						
		23	Pierre de taille. . .	1 »	»	»	»		
		24	Sable	»	»	»	»		
		25	Chaux	»	»	»	»	6.588 89	
		26	. . . .	»	»	»	»		
		37	Bois de chêne pour charpente.	»	»	»	»	2.300 »	
		38	. . . .	»	»	»	»		
			TOTAL	. . . . .	. . .	. . .	. . . .	8.888 89	
			A déduire le rabais de 10 c. par franc.	. . . . .	. . .	. . .	. . . .	888 89	
			Reste à compter pour les approvisionnements. . .	. . . . .	. . .	. . .	. . . .	8.000 »	
			MOIS DE FÉVRIER.						
			Travaux non terminés						
302	25 fév.	51	Déblais de terres dures, etc.	»	»	»	»	17.000 »	
		59	Maçonnerie de moellons, etc.	»	»	»	»	3.000 »	
			TOTAL	. . . . .	. . .	. . .	. . . .	20.000 »	
			A déduire le rabais de 10 c. par franc.	. . . . .	. . .	. . .	. . . .	2.000 »	
			Reste à compter pour travaux non terminés	. . . . .	. . .	. . .	. . . .	18.000 »	
			Approvisionnements						
367	27 fév.	71	Moellons	»	»	»	»	»	
		77	Pavés	»	»	»	»	»	
		82	Charpente	»	»	»	»	»	
			TOTAL	. . . . .	. . .	. . .	. . . .	13.333 33	
			A déduire le rabais de 10 c. par franc.	»	»	»	»	1.333 33	
			Reste à compter pour les approvisionnements	. . . . .	. . .	. . .	. . . .	12.000 »	

non terminés et approvisionnements.

numéros d'ordre du sommier, l'indication des travaux, les quantités, les numéros d
pour observations.
sera recommencé *ab ovo* pour chaque situation nouvelle.
toute la largeur du livre, ainsi que l'indique le modèle, et un trait à l'encre rouge sera

NUMÉROS et DATES du carnet.	Nos D'ORDRE du sommier.	INDICATION des OUVRAGES.	QUANTITÉS.	NUMÉROS des SOUS-DÉTAILS.	PRIX DE L'UNITÉ.	DÉPENSES. par ARTICLE.	DÉPENSES. par nature d'ouvrages.	OBSERVATIONS.
	AMÉLIORATION ENTRE						*ET*	

Troisième compte. —

L'usage des sept colonnes dont se compose ce compte est suffisamment
Cette formule doit s'appliquer soit aux dépenses faites sur la somme à
ouvriers auxiliaires concernant l'entretien d'une route, d'un canal, etc.

NUMÉROS et DATES du carnet.		NUMÉROS D'ORDRE du sommier.	INDICATION DES DÉPENSES.	MONTANT des RÔLES.	MONTANT des MÉMOIRES.	TOTAL.	OBSERVATIONS.
			ROUTE NATIONALE N°				
118	20 janvier . .	1	Sr fourniture d'une pompe	»	300f »		
135	31 janvier . .	2	Rôle du Sr surveillant (terrassiers). . .	81f »	»		
	Idem . . .	3	Rôle du Sr surveillant (maçons et manœuvres)	212 »	»		
			Totaux. . . .	293f »	300f »		
						593f »	
281	22 février . .	4	Sr fourniture de	»	9f 50		
287	28 février . .	5	Rôle du Sr surveillant (terrassiers et paveurs)	312f 50	»		
			Totaux. . . .	312f 50	9f 50		
						322f »	
			Total au 28 février			915f »	

Dépenses en régie.

indiqué par les exemples que présente le modèle.
valoir d'une entreprise, soit aux dépenses en régie et aux salaires des

NUMÉROS et DATES du carnet.	NUMÉROS D'ORDRE du sommier.	INDICATION DES DÉPENSES.	MONTANT des ROLES.	MONTANT des MÉMOIRES.	TOTAL.	OBSERVATIONS.
AMÉLIORATION ENTRE			*ET*		*. Crédit*	*de 10,000 fr.*

CANTON

NUMÉROS ET DATES DU CARNET.	NUMÉROS D'ORDRE du sommier.	INDICATION des PIÈCES JUSTIFICATIVES.	ROUTE NATIONALE N° 13. FOURNIER, 1re classe, 60 fr. Indemnités ou gratifications.	Retenues ou amendes.	Sommes à payer.	BERTIN, 2e classe, 57 fr. Indemnités ou gratifications.	Retenues ou amendes.	Sommes à payer.	LESEC, *chef*, 1re classe, 76 fr. Indemnités ou gratifications.	Retenues ou amendes.	Sommes à payer.	Indemnités ou gratifications.	Retenues ou amendes.	Sommes à payer.
Article		*de la sous-répartition.*										*CANTON*		
	1	État du mois de janvier												
	2	— de février.												
	3	— de mars .												
	4	— d'avril . .												
	5	— de mai . .												
	6	— de juin . .												
	7	— de juillet.												
6 1er septembre.	8	— d'août. . .	»	»	60 »	»	2 »	55 »	2,41	»	78.41	»	»	»
	9	— de septembre												
	10	— d'octobre . .												
	11	— de novembre												
	12	— de décembre												
		TOTAUX de l'année .												

NIERS.

												TOTAUX PAR MOIS.		
Indemnités ou gratifications.	Retenues ou amendes.	Sommes à payer.	Indemnités ou gratifications.	Retenues ou amendes.	Sommes à payer.	Indemnités ou gratifications.	Retenues ou amendes.	Sommes à payer.	Indemnités ou gratifications.	Retenues ou amendes.	Sommes à payer.	INDEMNITÉS ou GRATIFICATIONS.	RETENUES ou AMENDES.	SOMMES à payer.
NIERS.								*Crédit de 2,400 francs.*						
»	»	»	»	»	»	»	»	»	»	»	»	2,41	2 »	193,41

(6)

MINISTÈRE

DES TRAVAUX PUBLICS.

PONTS ET CHAUSSÉES.

DÉPARTEMENT
de la Seine.

ARRONDISSEMENT
du Nord.

CHAPITRE 11.

Exercice 1873.

Mois d'août.

Somme à payer : 49 fr. 72 c.

TRAVAUX EN RÉGIE A LA TACHE

Route nationale N° 13, de Paris à Cherbourg.

ENTRETIEN.

ÉTAT

Des travaux exécutés du 1er au 31 août inclusivement.

NUMÉROS DU JOURNAL.	NOMS ET QUALITÉS DES TACHERONS.	DÉSIGNATION des TRAVAUX EXÉCUTÉS A LA TACHE.	QUANTITÉS PARTIELLES.	TOTAUX.
4	Verdier, terrassier.. . .	Cassage et emmétrage de pierres.	13m26.	13m26.
do	Langlois, —	Répandage de pierres cassées et transport à un relais de brouette.	13m26.	13m26.

PRIX.	PRODUITS PARTIELS.	PRODUITS TOTAUX par tâcheron	RÉSIDENCE DES OUVRIERS	OBSERVATIONS.
3 fr. 50 c.	46 fr. 41 c.	46 fr. 41 c.	Neuilly.	
0 fr. 25 c.	3 fr. 31 c.	3 fr. 31 c.	Courbevoie.	
	TOTAL. .	49 fr. 72 c.		

Le présent état, montant à la somme de quarante-neuf francs soixante-douze centimes, dressé et certifié conforme aux écritures du Journal par le Conducteur soussigné.

A Paris, le 1er septembre 1873.

Présenté et certifié par l'Ingénieur ordinaire, soussigné, l'état ci-dessus, monant à la somme de

A le 187 .

Vu et vérifié par l'Ingénieur en chef.

(6 *bis.*)

Cette formule a pour but de rendre uniformes les mémoires des fournitures qu'exige l'exécution des travaux.

MINISTÈRE
des
TRAVAUX PUBLICS.

PONTS ET CHAUSSÉES.
—
DÉPARTEMENT
de la
Seine.
—
ARRONDISSEMENT
DU NORD.
—
ANNÉE 1873.
Somme à payer : 16 fr.

TRAVAUX EN RÉGIE.

Route nationale n° 13, de Paris à Cherbourg.

ENTRETIEN.

Le timbre des quittances fournies à l'État ou délivrées en son nom est à la charge des particuliers qui les donnent ou les reçoivent. (*Article* 29 *de la loi du* 13 *brumaire an* VII.)

Mémoire des fournitures faites par le Sr CHALOT, entrepreneur, demeurant à Neuilly.

NUMÉROS des ARTICLES.	DATES.	INDICATION DÉTAILLÉE DES OUVRAGES OU FOURNITURES.	SOMMES. DUES.
1.	1873. 15 août.	*Réparation d'un aqueduc au point* 7 k. 320. 200 kilog de ciment de Portland à 0 fr. 08, le kilog.	16 fr.

L'Ingénieur ordinaire, soussigné, certifie avoir pris en charge les objets portés au présent mémoire sous le n° et les avoir inscrits sur son inventaire sous le n°

Présenté par le soussigné.

A Neuilly, le 15 août 1873.

CHALOT.

Certifié et inscrit sous le n° 3 du Journal par le Conducteur des ponts et chaussées soussigné, chargé de la surveillance des travaux.

A Paris, le 1er septembre 1873.

DUBREUIL.

Vérifié et arrêté à la somme de

par l'Ingénieur ordinaire soussigné.

A , le 187 .

Vu par l'Ingénieur en chef,

MINISTÈRE
des
TRAVAUX PUBLICS.

PONTS ET CHAUSSÉES

DÉPARTEMENT
de la Seine.

ARRONDISSEMENT
du Nord.

ANNÉE 1873.

SOMME PAYÉE :
2 fr. 40.

L'Ingénieur soussigné certifie avoir pris en charge les objets désignés ci-contre, et les avoir inscrits sur son inventaire sous le n°

(**6 ter.**)

QUITTANCE

Pour dépenses n'excédant pas dix francs.

(Circulaire du 4 juillet 1831.)

TRAVAUX PAR RÉGIE.

Route nationale n° 13.

ENTRETIEN. — PLANTATIONS.

Le sieur VARNIER, quincaillier à Neuilly.

QUITTANCE de la somme de *Deux francs quarante centimes* reçue par le soussigné pour les fournitures et travaux ci-après :

3 kilos de fil de fer recuit, à 80 cent. le kilo. . . . 2 fr. 40 c.

A Neuilly, le 20 août 1873.

VARNIER.

Certifié et inscrit sous le n° 2 du Journal par le Conducteur des ponts et chaussées soussigné, chargé de la surveillance des travaux.

A Paris, le 31 août 1873.

DUBREUIL.

Vu par l'Ingénieur en chef,

Vérifié par l'Ingénieur ordinaire soussigné,

A , le 187 .

N° 7. — Décompte des Cantonniers.

AMENDES OU GRATIFICATIONS. — Si le conducteur est auprès de l'ingénieur ordinaire, ou si celui-ci fait une tournée, il est dans l'ordre que le carnet lui soit soumis et que le conducteur ne porte sur ses états que les propositions qui ont été approuvées, en rappelant dans la colonne d'observations du modèle n° 7 la date de l'approbation. Mais dans les autres cas, à moins de circonstances exceptionnelles, le conducteur porte ses propositions sur le sommier, ainsi que sur l'état n° 7, que l'ingénieur adopte ou modifie et lui renvoie ensuite, pour compléter ou modifier ses écritures.

PONTS ET CHAUSSÉES

DÉPARTEMENT
de la Seine.

ARRONDISSEMENT
du Nord.

SUBDIVISION
de M. Dubreuil.

Crédit de 2,400 fr.

ROUTE NATIONALE N° 13, DE PARIS A CHERBOURG.

DÉCOMPTE DES CANTONNIERS.

Mois d'Août 1873.

NUMÉROS du Sommier.	NOMS DES CANTONNIERS.	NUMÉROS des classes.	SALAIRES du mois.	Indemnités pour déplacements ou gratifications.	RETENUES ou amendes.	SOMMES dues.	Retenues pour la caisse des retraites ou pour la caisse d'épargne.	RESTE A PAYER.	OBSERVATIONS.
8	Fournier	1re	60 »	»	»	60 »	3,60	56,40	
d°	Bertin.	2e	57 »	»	2 »	55 »	3,60	51,40	(*) N° 1 du carnet.
d°	Lesec, chef	1re	76 »	2 41(1)	»	78,41	4,40	74,01	(1) 4 déplacements pour la réparation d'un aqueduc au point 7 k. 320.
	Totaux pour le mois.		193 »	2,41	2 »	193,41	11,60	181,81	
	Dépenses faites pendant les mois précédents		1351 »	45,63	23,50	1373,13	81,20	1291,93	
	Totaux pour l'exercice.		1544 »	48,04	25,50	1564,54	92,80	1473,74	

Le présent état dressé, certifié conforme aux écritures du Journal par le Conducteur soussigné, et inscrit sous le n° 6.

Vu par l'Ingénieur ;

A Paris, le 1er septembre 1874.

DUBREUIL.

N°s 8, 8 bis et 9.

La première page du modèle n° 8 donne le moyen de faire la récapitulation des travaux de repiquages. Au fur et à mesure que les feuilles de repiquages sont remises au conducteur, cet agent les vérifie, les inscrit sur le tableau récapitulatif et en porte le total sur le carnet.

D'après la distinction très-nette qui doit être établie entre les ouvrages exécutés aux prix de la série et les dépenses faites en régie ou imputables sur la somme à valoir, on ne doit pas faire figurer de dépenses diverses dans le décompte de l'entrepreneur.

En conséquence, les deuxième et troisième pages des modèles n°s 8, 8 bis et 9, ne doivent comprendre que les indications ci-après :

1° Les travaux terminés,
2° Les travaux non terminés,
3° Les approvisionnements.

Un tableau récapitulatif au bas de la troisième page indique le total des dépenses faites par l'entrepreneur.

La quatrième page comprendra les dépenses en régie, en deux colonnes, l'une pour le montant des rôles de journées, et l'autre pour le montant des mémoires. Cette division a été adoptée pour l'inscription des dépenses en régie sur le sommier, dont les états n°s 8 et 9 doivent reproduire tous les résultats.

On remplira sans difficulté le tableau qui est au bas de la quatrième page et qui donne la situation des travaux, tant que les dépenses ne dépasseront pas les crédits ouverts. Mais lorsque les dépenses faites auront dépassé les crédits dans les limites fixées pour la retenue de garantie, la troisime colonne ne sera plus remplie, et le conducteur donnera dans la colonne des observations les renseignements nécessaires pour établir la situation.

On trouvera une formule n° 9 dressée conformément aux indications qui précèdent. On y a porté, pour les mois de janvier et de février, des exemples se rapportant aux inscriptions faites sur le sommier.

Bien que les trois formules n°s 8, 8 bis et 9 portent en titre *Situation à la fin du mois*, il est bien entendu que les conducteurs ne seront pas obligés de parcourir toutes les parties de leur subdivision le dernier jour du mois, et surtout qu'ils ne porteront pas sur les états des dépenses qu'ils n'auraient pas régulièrement constatées. Il suffit que les reconnaissances soient faites vers la fin du mois, à une époque aussi rapprochée du dernier jour du mois que le permettent les exigences du service.

MINISTÈRE des **Travaux publics.**

PONTS et CHAUSSÉES

DÉPARTEMENT de la Seine.

ARRONDISSEMENT du Nord.

SUBDIVISION de M. Dubreuil.

(8)

Route Nationale N° 13.

ANNÉE 1873.

N°

Le Sr Julien, Entrepreneur.

TRAVAUX D'ENTRETIEN

SITUATION A LA FIN DU MOIS D'AOUT.

Récapitulation des travaux de repiquages.

Numéros d'ordre du Journal.	Numéros des bulletins de repiquage.	DATES.	MATÉRIAUX ARRACHÉS.			MATÉRIAUX EMPLOYÉS.					Transport de décombres et rebuts.	OBSERVATIONS.
			Baies de 1 à 4 pavés.	Baies de 5 à 40 pavés.	Baies au dessus de 40 pavés.	SABLE.	PAVÉS. 1er échantillon.	PAVÉS. 2e échantillon.				
		1										
		2										
		3										
		4										
		5										
		6										
		7										
		8										
		9										
		10										
		11										
		12										
		13										
		14										
		15										
		16										
		17										
		18										
		19										
		20										
		21										
		22										
		23										
		24										
		25										
		26										
		27										
		28										
		29										
9	1	30	1280	6020	1920	27						
		31										
TOTAUX...			1280	6020	1920	27						
Surface des repiquages..... (A raison de 20 pavés arrachés par mètre carré.)			64	301	96	27						

Dépenses faites par l'Entrepreneur.

Dépenses faites par l'Entrepreneur.

NUMÉROS D'ORDRE du Journal.	NUMÉROS D'ORDRE du Sommier.	INDICATION DES OUVRAGES.	QUANTITÉS.	Numéros des sous-détails.	Prix de l'unité.	DÉPENSES par article.	DÉPENSES par nature d'ouvrage.	OBSERVATIONS.
		1° TRAVAUX TERMINÉS.						
		Matériaux reçus pour l'entretien des chaussées.						
		Pavés de 2e échantillon						
		Bordures						
		Boutisses						
		Mètres cubes de sable.						
		— de pierres cassées						
		Ouvrages exécutés.						
		Mètres superficiels de relevé à bout.						
		Mètres superficiels de repiquages, par baies						
		De 1 à 4 pavés (voir la récapitulation ci-contre).						
		De 5 à 40 pavés.						
		Au-dessus de 40 pavés						
		Démolition d'un mètre superficiel de chaussée pavée . . .						

Total du mois . . . .

Rabais de 0/0 . . . .

Reste . . . .

Report des mois antérieurs . . .

Total pour les travaux terminés. . .

Suite des **Dépenses faites par l'Entrepreneur.**

NUMÉROS D'ORDRE du Journal.	NUMÉROS D'ORDRE du Sommier.	INDICATION DES OUVRAGES.	QUANTITÉS.	Numéros des sous-détails.	Prix de l'unité.	DÉPENSES par article.	DÉPENSES par nature d'ouvrage.	OBSERVATIONS.
		2° TRAVAUX NON TERMINÉS.						
		3° APPROVISIONNEMENTS.						
		Pavés de 1er échantillon. . . .						
		Mètres cubes de sable						
		— de pierres cassées						
		— de gravier ou cailloux						
		TOTAL.						
		Rabais de 0/0.						
		Reste pour les approvisionnements						

RÉCAPITULATION.

1° Travaux terminés.	
2° Travaux non terminés.	
3° Approvisionnements.	
TOTAUX	

Dépenses faites en régie.

NUMÉROS D'ORDRE		INDICATION DES DÉPENSES.	MONTANT		OBSERVATIONS.
du Journal.	du Sommier.		des Rôles.	des Mémoires.	
		TOTAL des dépenses en régie faites pendant le mois			
		Les dépenses faites antérieurement suivant état du s'élèvent à			
		TOTAL des dépenses en régie. . .			

SITUATION.	CRÉDIT.	DÉPENSES FAITES.	RESTE.
Travaux à l'entreprise			
Travaux en régie			
TOTAUX			

VU ET VÉRIFIÉ
par l'Ingénieur de l'arrondissement;

Le présent État dressé et certifié conforme aux écritures du Journal par le Conducteur soussigné.

A , le 187

(8 *bis*)

MINISTÈRE

PONTS ET CHAUSSÉES.

DÉPARTEMENT
de la
SEINE

ARRONDISSEMENT

SUBDIVISION

le M.
Conducteur.

Le Sr
Entrepreneur.

ANNÉE 187

No

Route *n°* , *d* *à*

TRAVAUX

SITUATION à la fin du mois d

Dépenses faites par l'Entrepreneur.

NUMÉROS d'ordre		INDICATION DES OUVRAGES.	QUANTITÉS	Numéros des sous-détails	PRIX de l'unité	DÉPENSES		Observations.
du Journal.	du sommier.					par article.	par nature d'ouvrage.	
		1° TRAVAUX TERMINÉS.						

Suite des *Dépenses faites par l'Entrepreneur.*

NUMÉROS d'ordre du Journal.	NUMÉROS d'ordre du sommier.	INDICATION DES OUVRAGES.	QUANTITÉS.	Numéros des sous-détails	PRIX de l'unité	DÉPENSES par article.	DÉPENSES par nature d'ouvrage.	OBSERVATIONS

RÉCAPITULATION.

1° Travaux terminés	
2° Travaux non terminés.	
3° Approvisionnements.. . , ...	
TOTAUX. . .	

Dépenses faites en régie.

NUMÉROS D'ORDRE du Journal.	NUMÉROS D'ORDRE du sommier.	INDICATION DES DÉPENSES.	MONTANT des Rôles.	MONTANT des Mémoires.	OBSERVATIONS.
		TOTAL des dépenses en régie faites pendant le mois.			
		Les dépenses faites antérieurement suivant état du s'élèvent à.			
		TOTAL des dépenses en régie			

SITUATION.	CRÉDIT.	DÉPENSES faites.	RESTE.
Travaux à l'entreprise.			
Travaux en régie. . . .			
TOTAUX. . .			

Vu et vérifié
par l'Ingénieur de l'Arrondissement :

Le présent état dressé et certifié conforme aux écritur du Journal par le Conducteur soussigné.

A , le 187

MINISTÈRE
des
[TR]AVAUX PUBLICS.

[PO]NTS ET CHAUSSÉES.

DÉPARTEMENT

ARRONDISSEMENT

SUBDIVISION

M.

Sr
entrepreneur.

ANNÉE 187

N° 1

ROUTE NATIONALE N°

TRAVAUX NEUFS

ET DE GROSSES RÉPARATIONS.

Amélioration entre

et

SITUATION à la fin du mois de *janvier*.

Dépenses faites par l'Entrepreneur.

NUMÉROS D'ORDRE du Journal.	NUMÉROS D'ORDRE du Sommier.	INDICATION des OUVRAGES.	QUANTITÉS.	NUMÉROS des SOUS-DÉTAILS.	PRIX de L'UNITÉ.	DÉPENSES par article.	DÉPENSES par nature d'ouvrage.	Observations.
			m. c.		fr. c.	fr. c.	fr. c.	
		1° TRAVAUX TERMINÉS						
101	1	Terres dures pour fouille et charge	5,000 00	7	0,50	2,500,00	6,840,00	
1	2	Terres dures pour fouille, charge, transport à 1,100 mètres et régalage	3,700 00	7, 9 et 10	1,20	4,340,00		
121	3	Pavés d'échantillon.	4,000p	18	300,00	1,200,00	1,460,00	
121 et 123	4 et 6	Sable pour pavage	50m00c	21	2,50	125,00		
126	7	Relevé à bout. .	300 00	25	0,45	135,00		
124 et 126	5 et 8	Béton pour fondation	100 00	47	17,00	1,700,00	1,700,00	
		Total du mois	. . . . .	. . . . .	. . . . .	. . . . .	10,000,01	
		Rabais de 10 0/0	. . . . .	. . . . .	. . . . .	. . . . .	1,000,00	
		Reste.	. . . . .	. . . . .	. . . . .	. . . . .	9,000,00	
		Report des mois antérieurs. . .	. . . . .	. . . . .	. . . . .	. . . . .	»	
		Total pour les travaux terminés.	. . . . .	. . . . .	. . . . .	. . . . .	9,000,00	

Suite des dépenses faites par l'Entrepreneur.

NUMÉROS D'ORDRE du Journal.	du Sommier.	INDICATION des OUVRAGES.	QUANTITÉS.	Numéros des sous-détails.	Prix de l'unité.	DÉPENSES par article.	par nature d'ouvrages.	Observations.
			m. c.		fr. c.	fr. c.	fr. c.	
		2° TRAVAUX NON TERMINÉS						
125	1	Déblais de terres dures pour fouille, charge, et transport à 500 mètres	7,000 00	7 et 9	0 90	6,300 00	22,730 00	
—	2	Déblais.						
127	7	Maçonnerie de moellons.	57 09	81	20 00	1,141 80	7,270 00	
		TOTAL.	. . . .	. . . .	. . . .	. . . . .	30,000 00	
		Rabais de 10 0/0. .	. . . .	. . . .	. . . .	. . . . .	3,000 00	
		RESTE à compter pour les travaux non terminés. .	. . .	. . . .	. . . .	. . . . .	27,000 00	
		3° APPROVISIONNEMENTS						
131	22	Moellons durs de. .	. . . .	. . . .	. . . .	. . . . .	6,588 89	
—	23	Pierres de taille . .	. . . .	. . . .	. . . .	. . . . .		
—	24	Sable.	. . . .	. . . .	. . . .	. . . . .		
—	25	Chaux	. . . .	. . . .	. . . .	. . . . .		
131	37	Bois de chêne . . .	. . . .	. . . .	. . . .	. . . . .	2,300 00	
		TOTAL.	. . . .	. . . .	. . . .	. . . . .	8,888 89	
		Rabais de 10 0/0. .	. . . .	. . . .	. . . .	. . . . .	888 89	
		RESTE pour les approvisionnements.	. . . .	. . . .	. . . .	. . . . .	8,000 00	

RÉCAPITULATION.

1° Travaux terminés	9,000 00
2° Travaux non terminés.	27,000 00
3° Approvisionnements	8,000 00
TOTAL.	44,000 00

Dépenses faites en Régie sur la somme à valoir.

NUMÉROS D'ORDRE. du Journal.	NUMÉROS D'ORDRE. du Sommier.	INDICATION DES DÉPENSES.	MONTANT des rôles.	MONTANT des mémoires.	OBSERVATIONS.
			fr. c.	fr. c.	
118	1	Sieur Fourniture d'une pompe. . .		300 »	
135	2	Rôle du sieur , surveillant (terrassiers).	81	»	
—	3	Rôle du sieur , surveillant (maçons et manœuvres	212 »	»	
			293	300	
		TOTAL des dépenses en régie faites pendant le mois.	593		
		Les dépenses faites antérieurement, suivant état du s'élèvent à	»		
		TOTAL des dépenses en régie. . .	593		

SITUATION.	CRÉDIT	DÉPENSES faites.	RESTE.
	fr. c.	fr. c.	fr. c.
Travaux à l'entreprise.	100,000 00	44.000 00	56,000 00
Travaux en régie . . .	10,000 00	593 00	9,407 00
TOTAUX.	110,000 00	44,593	65,407 00

VU ET VÉRIFIÉ par l'Ingénieur de l'arrondissement :

Le présent état dressé et certifié conforme aux écritures du Journal par le Conducteur soussigné.

A , le 187

(9)

MINISTERE
des
[T]ravaux publics.

[PO]NTS et CHAUSSÉES

DÉPARTEMENT

ARRONDISSEMENT

SUBDIVISION
M.

Sr
entrepreneur.

ANNÉE 187

N° 2.

ROUTE NATIONALE N°

TRAVAUX NEUFS
ET DE GROSSES RÉPARATIONS.

Amélioration entre

et

SITUATION à la fin du mois de *février*.

(Règl du 28 septembre 1849. — N° 9.)

5

Dépenses faites par l'Entrepreneur.

Numéros d'ordre du Journal.	Numéros d'ordre du Sommier.	Indication des ouvrages.	Quantités.	Numéros des sous-détails.	Prix de l'unité.	Dépenses par article.	Dépenses par nature d'ouvrages.	Observations.
			m. c.		fr. c.	fr. c.	fr. c.	
		1° Travaux terminés.						
321	13	Terres dures pour fouille et charge	4,500 »	7	0 50	2,250 »	2,2[illegible]0 55	
212 et 287	9 et 11	Béton pour fondation	500 »	47	17 »	8,500 »	12,750 »	
212 et 287	10 et 12	Maçonnerie de moellons. . . .	212 50	51	20 »	4,200 »		
		Total du mois.	. . . .	. . . .	. . . .	. . . .	15,000 »	
		Rabais de 10 0/0	. . . .	. . . .	. . . .	. . . .	1,500 »	
		Reste	. . . .	. . . .	. . . .	. . . .	13,500 »	
		Report des mois antérieurs . .	. . . .	. . . .	. . . .	. . . .	9,000 »	
		Total pour les travaux terminés	. . . .	. . . .	. . . .	. . . .	22,500 »	

Suite des **Dépenses faites par l'Entrepreneur.**

NUMÉROS D'ORDRE		INDICATION DES OUVRAGES.	Quantités.	Numéros des sous-détails.	Prix de l'unité.	DÉPENSES		OBSERVATIONS.
du Journal.	du Sommier.					par article.	par nature d'ouvrages.	
							fr. c.	
		2° TRAVAUX NON TERMINÉS.						
302	51	Déblais de terres dures	. . . .	. . . .	. . . .	. . . .	17,000 »	
302	59	Maçonnerie de moellons. . . .	. . . .	. . . .	. . . .	. . . .	3,000 »	
		TOTAL	. . . .	. . . .	. . . .	. . . .	20,000 »	
		Rabais de 10 0/0	. . . .	. . . .	. . . .	. . . .	2,000 »	
		RESTE à compter pour les travaux non terminés .	. . . .	. . . .	. . . .	. . . .	18,000 »	
		3° APPROVISIONNEMENTS.						
637	71	Moellons	. . . .	. . . .	. . . .	. . . .		
367	77	Pavés.	. . . .	. . . .	. . . .	. . . .		
367	82	Charpente.	. . . .	. . . .	. . . .	. . . .		
		TOTAL	. . . .	. . . .	. . . .	. . . .	13,333 33	
		Rabais de 10 0/0	. . . .	. . . .	. . . .	. . . .	1,333 33	
		RESTE pour les approvisionnements.	. . . .	. . . .	. . . .	. . . .	12,000 »	

RÉCAPITULATION.

1° Travaux terminés.	22,500 »
2° Travaux non terminés	1,800 »
3° Approvisionnements.	12,000 »
TOTAL	52,500 »

Dépenses faites en régie.

NUMÉROS D'ORDRE du Journal.	NUMÉROS D'ORDRE du Sommier.	INDICATION DES DÉPENSES.	MONTANT des rôles.	MONTANT des mémoires.	OBSERVATIONS.
			fr. c.	fr. c.	
281	4	Sieur fourniture de . .	»	9 50	
287	5	Rôle du sieur surveillant, terrassiers et paveurs.	312 50	»	
			312 50	9 50	
		TOTAL des dépenses en régie faites pendant le mois	322 »		
		Les dépenses faites antérieurement suivant état du 1er *février* s'élèvent à	593 »		
		TOTAL des dépenses en régie	915 »		

SITUATION.	CRÉDIT.	DÉPENSES FAITES.	RESTE.
Travaux à l'entreprise	100,000 »	52,500 »	47,500 »
Travaux en régie	10,000 »	915 »	9,085 »
TOTAUX.	110,000 »	53,415 »	56,585 »

VU et VÉRIFIÉ
par l'Ingénieur de l'arrondissement :

Le présent état, dressé et certifié conforme aux écritures du Journal par le Conducteur soussigné.

A , le 187

Annexe aux N°s 8, 8 *bis* et 9.

Il convient de faire remarquer que ce n'est pas seulement des métrés définitifs que doivent produire les conducteurs, mais aussi des métrés provisoires, à l'appui des états de dépenses, toutes les fois que cela est nécessaire. Ce serait déroger aux règles de la comptabilité que de baser des propositions de payement qui peuvent être fort considérables, pour des approvisionnements et des ouvrages non terminés, sur de simples chiffres portés sur les états n°s 8 et 9, et il est indispensable que le conducteur produise à l'appui de ces chiffres les éléments qui lui ont servi à établir les évaluations.

PONTS ET CHAUSSÉES

DÉPARTEMENT
de la Seine.

ARRONDISSEMENT
du Nord.

SUBDIVISION
de M. Dubreuil,
conducteur.

Le sieur Julien,
entrepreneur.

ROUTE NATIONALE N° 13, DE PARIS A CHERBOURG.

EXERCICE 1873.

Mois d'août.

TRAVAUX D'ENTRETIEN.

MÉTRÉ des Travaux exécutés dans la partie comprise entre Paris et la borne 7k2.

(A joindre à la Situation en date du

NUMÉROS d'ordre du journal.	INDICATIONS DES OUVRAGES.	NOMBRE des parties	DIMENSIONS. Longueur.	Largeur.	Épaisseur.	SURFACES, CUBES OU POIDS. Auxiliaires.	Partiels.	Définitifs.	OBSERVATIONS CROQUIS, ETC.
6	*Relevé à bout aux abords du nouveau ponceau.*	»	»	»	»	»	»		
	Chaussée	1	40	6	»	»	240		
	Raccordement de la rue d'Orléans . . .	1	5	4	»	»	20		
								260	

Le présent métré, dont les résultats ont été inscrits sur le Journal sous le n° 6, dressé par le conducteur soussigné,

A Paris, le 1er septembre 1873.

Vérifié par l'Ingénieur ordinaire soussigné :

(10.)

MINISTÈRE
des
TRAVAUX PUBLICS.

PONTS ET CHAUSSÉES

DÉPARTEMENT
de la Seine.

ARRONDISSEMENT
de M. Ingénieur Vauthier.

SUBDIVISION
de M. Dubreuil,
conducteur.

Ce bordereau ne réclame aucune explication. Pour les formules nos 2, 4 et 6 *bis*, ce sont les pièces originales qui doivent être transmises à l'ingénieur ordinaire; pour les formules nos 6, 7, 8, 8 *bis* et 9, et pour les annexes, une seule expédition suffit. Le conducteur lui-même n'a pas besoin d'en garder de copie, puisque le carnet et le sommier lui fournissent tous les renseignements qui, en général, lui sont nécessaires, et que, dans les cas rares où il y aurait à faire des recherches sur les pièces élémentaires, il les trouvera dans le bureau des ingénieurs.

MOIS D'AOUT 1873.

BORDEREAU des Pièces adressées à M. l'Ingénieur de l'arrondissement du Nord.

TITRE DES COMPTES OUVERTS auxquels LES SITUATIONS MENSUELLES SE RAPPORTENT.	NOMBRE de PIÈCES annexées.	OBSERVATIONS.
TOTAL.		

A Paris, le 3 septembre 1873.
Le Conducteur des Ponts et Chaussées,
DUBREUIL.

Monsieur VAUTHIER, ingénieur de l'arrondissement du Nord.

RÉSUMÉ

Le carnet d'attachements (n° 1) reçoit sur la page de gauche toutes les inscriptions des faits de dépense à mesure qu'ils se produisent. Les inscriptions sont faites à l'encre, sur les lieux mêmes, en présence des ouvrages exécutés. On ajoute sur la page de droite des croquis cotés toutes les fois qu'ils peuvent être utiles à la rédaction des métrés.

Les détails des pièces que le conducteur adresse à l'ingénieur n'ont pas besoin d'y figurer. Il en transcrit simplement la dépense, la nature, le montant, etc., et par une annotation sur la page de droite, il renvoie à la pièce justificative.

La même série des numéros d'inscription se continue du commencement à la fin de l'exercice.

Les travaux terminés doivent être séparés des travaux non-terminés et des approvisionnements dont la constatation est renouvelée chaque mois. Pour les premiers seuls, la signature de la partie intéressée doit être réclamée. Au bas de chaque page remplie, le conducteur signe ou paraphe. Dans les opérations contradictoires, au contraire, il doit apposer sa signature à côté de celle de la partie intéressée.

Le sommier (n° 5) est le complément des écritures du carnet.

Il doit être constamment tenu à jour.

Ce livre est divisé en quatre comptes ayant les titres suivants :

Le 1er, *Éléments du décompte de l'entreprise* ou *Travaux terminés;* le 2e, *Ouvrages non terminés et approvisionnements;* le 3e, *Dépenses en régie* et le 4e *Cantonniers.*

Ces divers comptes sont remplis par le dépouillement des dépenses du carnet. Chaque article du journal, dit le règlement, est transporté sur le sommier avec son numéro, y reçoit le numéro d'ordre du sommier, lequel est, au même moment, reporté sur le journal comme preuve de la transcription opérée.

Dans chaque compte ouvert, les matériaux fournis et les travaux exécutés par un entrepreneur sont distribués dans les colonnes verticales au haut desquelles on écrit la désignation et le prix ; les quantités seules sont enregistrées telles qu'on les extrait du journal, en définissant, d'ailleurs, chaque article dans la colonne intitulée : **Indication des travaux.**

Pour les *Travaux non terminés* et les *Approvisionnements*, le compte établi pour la situation du mois précédent est arrêté par un double trait dans toute la largeur du livre, et un trait à l'encre rouge est tiré en marge.

Le compte des *Dépenses en régie* reçoit les dépenses faites sur la somme à valoir d'une entreprise, les dépenses en régie, les salaires d'ouvriers, etc.

Le compte des *Cantonniers* relate les salaires bruts, les indemnités ou gratifications, les retenues ou amendes et les sommes restant dues à chacun d'eux, sans aucune déduction des retenues pour la Caisse des retraites ou d'épargne. (*Voir page* 77.)

Le *Livret de caisse* (n° 1 *bis*) reçoit sur la page de gauche l'inscription des avances faites au régisseur, et sur la page de droite les payements effectués, avec l'indication de l'envoi au payeur des pièces justificatives.

La *Feuille d'attachement* (n° 2) sert à marquer les journées des ouvriers employés par l'Administration.

Le *Procès-verbal de réception de matériaux* (n° 3) est dressé par l'ingénieur en présence du conducteur, qui en inscrit les résultats sur son carnet. (Voir le procès-verbal et le n° 5 du carnet.)

La *Feuille de repiquages* (n° 4) sert à constater les matériaux arrachés et employés pour la réparation des chaussées pavées. Les quantités sont récapitulées dans une situation spéciale, qui déduit les surfaces de repiquage des pavés arrachés, en supposant qu'un nombre de pavés, déterminé dans le devis, équivaut à 1 mètre carré. (Voir ces deux formules.)

L'*État des travaux en régie à la tâche* (n° 5) reçoit l'indication des travaux faits par des tâcherons.

Le *Mémoire de fournitures* (n° 6) a pour but de rendre uniforme la présentation des dépenses de fournitures nécessaires à l'exécution des travaux.

La formule, dite *quittance*, s'applique aux mêmes natures de dépenses lorsqu'elles n'excèdent pas 10 francs.

Le *Décompte des Cantonniers* (n° 7) indique les salaires des cantonniers, gardes, éclusiers, etc., les amendes, retenues, gratifications et indemnités qui résultent des services rendus par ces ouvriers pendant le mois. Pour les amendes infligées, il faut rappeler dans la colonne *Observations* le numéro du carnet. (Voir le décompte et le n° 1 du carnet.)

Les situations n°s 8 et 8 *bis* reçoivent l'indication des travaux d'entretien, la première pour une route, la seconde pour tout autre ouvrage. La formule n° 9 donne la situation détaillée des travaux neufs ou de grosses réparations :

1° Pour fournitures et travaux terminés ;
2° Pour travaux non terminés ;
3° Pour approvisionnements.

La troisième page récapitule les dépenses faites à l'entreprise. La quatrième indique les dépenses en régie ou sur la somme à valoir et donne la situation générale des crédits et des dépenses. (Voir les deux situations n° 9.)

Le modèle (annexe n°s 8, 8 *bis* et 9) est employé pour justifier, lorsqu'il y a lieu, les quantités portées dans les situations. (Voir cette pièce et le n° 6 du carnet.)

Enfin, le bordereau détaillé (n° 10) accompagne, en les énumérant, les pièces qui forment la comptabilité mensuelle du conducteur. Ces pièces doivent toujours être adressées à l'ingénieur avant le 5 de chaque mois.

NOTES.

Preuve testimoniale. — La preuve testimoniale n'est pas reçue toutes les fois que la demande excède 150 francs. (Art. 1341 du Code civil.)

Les quittances supérieures à cette somme ne peuvent donc être données, par les créanciers illettrés de l'État, que par *acte notarié.* Ce n'est qu'en matière d'expropriation pour cause d'utilité publique, que les quittances peuvent être passées dans la forme administrative, conformément à l'article 56 de la loi du 3 mai 1841.

Nomenclature des pièces à produire à l'appui des propositions pour payement (Règlement de 1843).

. . . .

14. — Tout avis d'ordonnance de payement, tout mandat ou toute pièce de dépense présentant, dans sa partie manuscrite, des ratures ou surcharges non approuvées, doit être refusé par le payeur et ne peut donner lieu à payement qu'après régularisation par le signataire.

. . . .

18. — Tous les mémoires, factures, décomptes ou pièces quelconques de comptabilité, annexés aux ordonnances ou mandats de payement et énumérant des quantités en poids ou mesures, doivent être rejetés si ces quantités sont exprimées autrement qu'en poids et mesures décimaux, conformément à la loi du 4 juillet 1837.

Travaux par entreprise. — Pièces à fournir pour le payement du premier à-compte : 1° Certificat de l'Ingénieur;

2° Copie (timbrée) ou extrait (T.) du procès-verbal d'adjudication ou de soumission approuvée (1);

3° Extrait du cahier des charges relatant les conditions du payement;

---

(1) Lorsqu'il s'agit de fournitures pour travaux d'entretien des routes, cette pièce doit contenir la série des prix de l'adjudication.

4° Copie ou extrait de l'acte de cautionnement et du bordereau de l'inscription hypothécaire, lorsque le cautionnement a été fourni en immeuble; déclaration de versement lorsque le cautionnement a été fourni en numéraire; ou enfin, lorsque le cautionnement a été fourni en rentes sur l'État, certificat du Directeur du contentieux des finances constatant le dépôt des inscriptions;

5° Quittance (T.) sur le mandat.

A-comptes subséquents. — Certificat.

Quittance (T.) sur le mandat.

Payements pour solde de l'entreprise. — 1° Certificat de l'Ingénieur, rappelant le montant des certificats antérieurs et indiquant les numéros d'ordre des à-compte;

2° Procès-verbal de réception définitive, contenant une analyse détaillée des travaux et des dépenses (1);

3° Expédition (T.) du devis, du procès-verbal d'adjudication (ou de la soumission, lorsqu'il n'y a pas d'adjudication), du bordereau des prix qui ont servi de base à l'établissement du décompte, et les diverses pièces qui ont été délivrées par le préfet à l'entrepreneur pour l'exécution des travaux;

4° Quittance (T.) sur le mandat.

Nota. — Pour les baux d'entretien, qui durent plusieurs années, les comptes des travaux sont réglés définitivement chaque année, et le payement pour solde en est justifié, comme il vient d'être dit; mais c'est seulement à l'appui du payement de solde de la dernière année que l'on doit joindre l'expédition du procès-verbal d'adjudication et les diverses pièces qui sont entre les mains de l'entrepreneur pour l'exécution des travaux.

Mandat à un régisseur comptable : 1° Certificat de l'Ingénieur;

2° Obligation souscrite par le régisseur de produire, dans

(1) On peut remplacer l'analyse des travaux par une copie certifiée du décompte général et détachée de l'entreprise, jointe au procès-verbal de réception.

le délai d'un mois, les pièces justifiant l'emploi de l'avance à lui remise ;

3° Quittance sur le mandat.

Justification des droits des héritiers de cantonniers et d'ouvriers. — 30 janvier 1857. — Circulaire du directeur général de la comptabilité (Extrait).

. . . .

A la suite de communications échangées entre le département des finances et celui de l'agriculture, du commerce et des travaux publics, il a été convenu que, lorsqu'il s'agirait de décomptes ne s'élevant pas au delà de 50 francs, les héritiers de cantonniers ou d'ouvriers dont les droits ne reposeraient pas sur des actes notariés pourraient être dispensés de fournir l'acte de décès sur papier timbré. Par ce moyen les frais de justification d'hérédité, pour le payement des décomptes de 50 francs et au dessous, se réduisent à 60 centimes, coût du timbre de la feuille sur laquelle sera établi le certificat de propriété du juge de paix. Si, au contraire, les choses étaient telles que le certificat de propriété ne pût être délivré que par le notaire, cela démontrerait que la succession se compose d'autres ressources que du décompte de salaires, et alors il serait sans inconvénient d'assujettir les héritiers à tous les frais que peut entraîner la justification de leurs droits.

. . . .

L'acte de décès produit à l'appui d'un décompte de salaires devra exprimer qu'il a été délivré pour cette destination.

Sommier. — Retenues pour la caisse des retraites de la vieillesse. — 18 *juillet* 1861. - Circulaire aux préfets .... « Par arrêté du 20 avril dernier, j'ai assujetti les cantonniers employés dans tous les services ressortissant au ministère de l'agriculture, du commerce et des travaux publics, à des retenues sur leurs salaires, qui doivent être versées à leur profit à la caisse des retraites de la vieillesse.

. . . .

Je n'ai d'ailleurs pas besoin d'ajouter que les retenues opérées pour la caisse des retraites aussi bien que celles qui seront versées à la caisse d'épargne, doivent figurer comme partie des salaires des cantonniers dans le sommier des conducteurs et dans la comptabilité des ingénieurs. »

Comptabilité des retenues opérées pour la caisse des retraites de la vieillesse. — 14 *mars* 1874. — Circulaire aux Ingénieurs en chef. — « Monsieur, les règles de comptabilité déterminées dans la circulaire du 18 juin 1861 pour les retenues faites sur les salaires des cantonniers au profit de la caisse des retraites pour la vieillesse et la caisse d'épargne, ne sont pas appliquées de la même manière dans tous les services.

Dans certains services, les retenues de l'espèce et les salaires qui les supportent figureraient en dépense, comme le prescrit la circulaire, au sommier du Conducteur et dans le livre de comptabilité de l'Ingénieur ordinaire aux comptes ouverts et aux comptes récapitulatifs, mais d'une manière tout à fait distincte, avec emploi d'encre de différentes couleurs pour chaque article de dépense. Dans d'autres les retenues seraient déduites chaque mois du montant des salaires bruts, et le net qui en ressort, serait exclusivement porté aux comptes récapitulatifs dans l'unique but de conserver la concordance entre les dépenses portées en comptes et les payements.

Ces diverses méthodes ne sont pas conformes aux instructions; elles détruisent l'uniformité indispensable en matière de comptabilité et elles introduisent sans nécessité dans les écritures des complications qu'il importe d'éviter.

Il me paraît donc nécessaire de rappeler les règles qui dérivent à cet égard des instructions de la circulaire précitée.

1° Les sommiers des Conducteurs doivent relater les salaires bruts sans aucune déduction des retenues pour la caisse des retraites de la vieillese ou la caisse d'épargne, lesquelles n'ont à y figurer séparément à aucun titre ni pour aucun motif.

« . . . . »

DEUXIÈME PARTIE

CLAUSES ET CONDITIONS GÉNÉRALES

Imposées aux Entrepreneurs.

EXÉCUTION DES TRAVAUX PUBLICS.

EXPOSÉ.

L'État fait exécuter ses travaux par les trois modes suivants :

1° La régie ;

2° L'entreprise ;

3° La concession.

Dans le premier, elle prend à son compte des ouvriers qu'elle fait payer, au moyen de mandats individuels, ou par un agent spécial qui porte le titre de régisseur.

Dans le deuxième, elle a recours à un ou plusieurs entrepreneurs qui contractent l'engagement d'exécuter le travail projeté à forfait ou à l'unité de mesure.

Dans la concession, l'Administration ne paye pas le concessionnaire, mais elle lui donne le droit de percevoir sur le public, qui profitera de l'ouvrage, une redevance déterminée.

Nous ne nous occuperons ici que des marchés passés avec des entrepreneurs.

Pour protéger les intérêts de l'Administration et des entrepreneurs, il intervient entre eux un contrat.

Il a pour base :

1° Le cahier des clauses et conditions générales ;

2° Le devis et cahier des charges qui le complète ou le modifie, suivant les besoins, mais qui ne doit jamais faire avec lu double emploi, en reproduisant des dispositions qu'il contient.

Une circulaire ministérielle du 30 juin 1869 a appelé l'attention des Ingénieurs sur ce point (voir page 121) ;

3° Le bordereau des prix qui indique le prix d'application par nature d'ouvrages. Ce bordereau contient, en outre, sous le simple titre de *Renseignements*, le sous-détail ou détail estimatif. Si une contradiction existait entre le bordereau et le sous-détail, le premier seul ferait foi, le deuxième n'étant qu'un accessoire : la circulaire du 10 juillet 1858 le dit expressément (voir page 116) ;

4° L'avant-métré qui contient l'évaluation projetée des travaux : il n'a pas de valeur obligatoire, à moins de stipulations contraires faites dans le cahier des charges.

FORMES DU CONTRAT.

Les formes à suivre pour l'exécution des contrats sont déterminées dans les ordonnances du 10 mai 1829 et 4 décembre 1836 (voir pages 106 et 109). L'adjudication est la règle : en faisant appel aux concurrents, elle éloigne tout soupçon des agents de l'Administration.

L'avis de l'adjudication doit être publié, sauf le cas d'urgence, un mois à l'avance. Il doit faire connaître :

Le lieu où se trouve le cahier des charges;

Les autorités chargées de procéder à l'adjudication;

Le lieu, le jour et l'heure fixés pour l'adjudication.

Pour les travaux autres que les terrassements, ne dépassant pas 20,000 francs et les fournitures de matériaux, les concurrents doivent présenter, huit jours avant, à l'Ingénieur en chef, sous la direction duquel les travaux seront exécutés, un certificat de capacité ayant tout au plus trois ans de date.

La nécessité du visa a été exigée pour que l'Ingénieur en chef pût connaître à l'avance les concurrents et formuler devant le bureau chargé de procéder à l'adjudication son opinion sur les garanties qu'ils présentent. Il faut remarquer ici que l'Administration a un pouvoir discrétionnaire pour admettre qui bon lui semble à concourir à l'adjudication de ses travaux.

Un cautionnement égal au 1/30 du montant de l'entreprise est exigé des concurrents, ou l'engagement de le fournir dans les huit jours.

L'adjudication n'est valable qu'après l'approbation de l'autorité compétente.

La loi du 4 mars 1793 permet à l'Administration de prendre hypothèque sur les immeubles d'un entrepreneur aussitôt l'adjudication passée à son profit. (Voir page 103.)

Aux termes de l'article 412 du Code pénal, des peines correctionnelles sont appliquées contre ceux qui ont porté atteinte à la liberté des enchères.

L'article 7 du cahier détermine les frais à payer par l'adjudicataire en dehors du droit fixe d'enregistrement qui est, à peu près, aujourd'hui de 1 0/00 pour les travaux de l'État, et de 1 0/0 pour les travaux départementaux.

MARCHÉS DE GRÉ A GRÉ.

Ces marchés sont traités directement par l'Administration avec un entrepreneur. Cette exception est prévue à l'article 2 de l'ordonnance du 4 décembre 1836. Elle est applicable à des travaux n'excédant pas 10,000 francs, ou à des dépenses annuelles ne dépassant pas 3,000 francs. Il n'y a aucune forme précise à suivre pour ces sortes de marchés : on peut même traiter par correspondance comme dans le commerce (art. 2 de l'ordonnance). Le cahier des clauses et conditions générales leur sert toujours de base.

CLAUSES ET CONDITIONS GÉNÉRALES IMPOSÉES AUX ENTREPRENEURS DES TRAVAUX DES PONTS ET CHAUSSÉES.

(Arrêté ministériel du 16 novembre 1866.)

ARTICLE PREMIER. — *Dispositions générales.* — Tous les marchés relatifs à l'exécution des travaux dépendant de l'Administration des ponts et chaussées, qu'ils soient passés dans la forme d'adjudications publiques ou qu'ils résultent de conventions faites de gré à gré, sont soumis, en tout ce qui leur est applicable, aux dispositions suivantes :

TITRE PREMIER.

ADJUDICATIONS.

ART. 2. — *Conditions à remplir pour être admis aux adjudications.* — Nul n'est admis à concourir aux adjudications, s'il ne justifie qu'il a les qualités requises pour garantir la bonne exécution des travaux.

A cet effet, chaque concurrent est tenu de fournir un certificat constatant sa capacité et de présenter un acte régulier de cautionnement ou au moins un engagement en bonne et due forme de fournir le cautionnement ; l'engagement doit être réalisé dans les huit jours de l'adjudication.

ART. 3. — *Certificats de capacité.* — Les certificats de capacité sont délivrés par des hommes de l'art. Ils ne doivent pas avoir plus de trois ans de date au moment de l'adjudication. Il y est fait mention de la manière dont les soumissionnaires ont rempli leurs engagements, soit envers l'Administration, soit envers les tiers, soit envers les ouvriers, dans les travaux qu'ils ont exécutés, surveillés ou suivis. Ces travaux doivent avoir été faits dans les dix dernières années.

Les certificats de capacité sont présentés, huit jours au moins avant l'adjudication, à l'ingénieur en chef, qui doit les viser à titre de communication.

Il n'est pas exigé de certificat de capacité pour la fourniture des matériaux destinés à l'entretien de routes en empierrement, ni pour les travaux de terrassement dont l'estimation ne s'élève pas à plus de 20,000 francs.

ART. 4. — *Cautionnement.* — Le cahier des charges détermine, dans chaque cas particulier, la nature et le montant du cautionnement que l'entrepreneur doit fournir.

S'il ne stipule rien à cet égard, le cautionnement est fait soit en numéraire, soit en inscriptions de rentes sur l'État, et le montant en est fixé au *trentième* de l'estimation des travaux, déductions faites de toutes les sommes portées à valoir pour dépenses imprévues et ouvrages en régie ou pour indemnités de terrain.

Le cautionnement reste affecté à la garantie des engagements contractés par l'adjudicataire jusqu'à la liquidation définitive des travaux. Toutefois, le ministre peut, dans le cours de l'entreprise, autoriser la restitution de tout ou partie du cautionnement.

ART. 5. — *Approbation de l'adjudication.* — L'adjudication n'est valable qu'après l'approbation de l'autorité compétente (voir page 118). L'entrepreneur ne peut prétendre à aucune indemnité, dans le cas où l'adjudication n'est point approuvée.

ART. 6. — *Pièces à délivrer à l'entrepreneur.* — Aussitôt après l'approbation de l'adjudication, le préfet délivre à l'entrepreneur, sur son récépissé, une expédition vérifiée par l'ingénieur en chef et dûment légalisée, du *devis*, du *bordereau des prix* et du *détail estimatif*, ainsi qu'une copie certifiée du *procès-verbal d'adjudication* et un exemplaire imprimé des présentes clauses et conditions générales.

Les ingénieurs lui délivrent, en outre, gratuitement, une expédition certifiée des dessins et autres pièces nécessaires à l'exécution des travaux.

ART. 7. — *Frais d'adjudication.* — L'entrepreneur verse à la caisse du trésorier-payeur général le montant des frais du marché. Ces frais, dont l'état est arrêté par le préfet, ne peuvent être autres que ceux d'affiches et de publication, ceux de timbre et d'expédition du devis, du bordereau des prix, du détail estimatif et du procès-verbal d'adjudication, et le droit fixe d'enregistrement de un franc.

ART. 8. — *Domicile de l'entrepreneur.* — L'entrepreneur est tenu d'élire un domicile à proximité des travaux et de faire connaître le lieu de ce domicile au préfet. Faute par lui de remplir cette obligation dans un délai de quinze jours, à partir de l'approbation de l'adjudication, toutes les notifications qui se rattachent à son entreprise sont valables, lorsqu'elles ont été faites à la mairie de la commune désignée à cet effet par le devis ou par l'affiche d'adjudication.

TITRE II.

EXÉCUTION DES TRAVAUX.

ART. 9. — *Défense de sous-traiter sans autorisation.* — L'entrepreneur ne peut céder à des sous-traitants une ou plusieurs parties de son entreprise, sans le consentement de l'Administration. Dans tous les cas, il demeure personnellement responsable, tant envers l'Administration qu'envers les ouvriers et les tiers.

Si un sous-traité est passé sans autorisation, l'Administration peut, suivant les cas, soit prononcer la résiliation pure et simple de l'entreprise, soit procéder à une nouvelle adjudication à la folle enchère de l'entrepreneur.

ART. 10. — *Ordres de service pour l'exécution des travaux.* — L'entrepreneur doit commencer les travaux dès qu'il en a reçu l'ordre de l'ingénieur. Il se conforme strictement aux plans, profils, tracés, ordres de service, et, s'il y a lieu, aux types et modèles qui lui sont donnés par l'ingénieur et par ses préposés, en exécution du devis. (Voir page 115.)

L'entrepreneur se conforme également aux changements qui

lui sont prescrits pendant le cours du travail, mais seulement lorsque l'ingénieur les a ordonnés par écrit et sous sa responsabilité. Il ne lui est tenu compte de ces changements qu'autant qu'il justifie de l'ordre écrit de l'ingénieur.

Art. 11. — *Règlements pour le bon ordre des chantiers.* — L'entrepreneur est tenu d'observer tous les règlements qui sont faits par le préfet, sur la proposition de l'ingénieur en chef, pour le bon ordre des travaux et la police des chantiers.

Il est interdit à l'entrepreneur de faire travailler les ouvriers les dimanches et jours fériés.

Il ne peut être dérogé à cette règle que dans les cas d'urgence et en vertu d'une autorisation écrite ou d'un ordre de service de l'ingénieur.

Art. 12. — *Présence de l'entrepreneur sur le lieu des travaux.* — Pendant la durée de l'entreprise, l'adjudicataire ne peut s'éloigner du lieu des travaux qu'après avoir fait agréer par l'ingénieur un représentant capable de le remplacer, de manière qu'aucune opération ne puisse être retardée ou suspendue à raison de son absence.

L'entrepreneur accompagne les ingénieurs dans leurs tournées toutes les fois qu'il en est requis.

Art. 13. — *Choix des commis, chefs d'ateliers et ouvriers.* — L'entrepreneur ne peut prendre pour commis et chefs d'ateliers que des hommes capables de l'aider et de le remplacer au besoin dans la conduite et le métrage des travaux.

L'ingénieur a le droit d'exiger le changement ou le renvoi des agents et ouvriers de l'entrepreneur pour insubordination, incapacité ou défaut de probité.

L'entrepreneur demeure d'ailleurs responsable des fraudes ou malfaçons qui seraient commises par ses agents et ouvriers dans la fourniture et dans l'emploi des matériaux.

Art. 14. — *Liste nominative des ouvriers.* — Le nombre des ouvriers de chaque profession est toujours proportionné à la quantité d'ouvrage à faire. Pour mettre l'ingénieur à même d'assurer l'accomplissement de cette condition, il lui est remis périodiquement, et aux époques par lui fixées, une liste nominative des ouvriers.

Art. 15. — *Payement des ouvriers.* — L'entrepreneur paye les ouvriers tous les mois, ou à des époques plus rapprochées, si l'Administration le juge nécessaire. En cas de retard régulièrement constaté, l'Administration se réserve la faculté de faire payer d'office les salaires arriérés sur les sommes dues à l'entrepreneur, sans préjudice des droits réservés par la loi du 26 pluviôse an II, aux fournisseurs qui auraient fait des oppositions régulières. (Voir page 103.)

Art. 16. — *Caisse de secours pour les ouvriers blessés ou malades.* — Une retenue d'un centième est exercée sur les sommes dues à l'entrepreneur, à l'effet d'assurer, sous le contrôle de l'Administration, des secours aux ouvriers atteints de blessures ou de maladies occasionnées par les travaux, à leurs veuves et à leurs enfants, et de subvenir aux dépenses du service médical.

La partie de cette retenue qui reste sans emploi à la fin de l'entreprise est remise à l'entrepreneur. (Voir page 112.)

Art. 17. — *Dépenses imputables sur la somme à valoir.*— S'il y a lieu de faire des épuisements ou autres travaux dont la dépense soit imputable sur la somme à valoir, l'entrepreneur doit, s'il en est requis, fournir les outils et machines nécessaires pour l'exécution de ces travaux.

Le loyer et l'entretien de ce matériel lui sont payés aux prix de l'adjudication.

Art. 18. — *Outils, équipages et faux frais de l'entreprise.* — L'entrepreneur est tenu de fournir à ses frais les magasins, équipages, voitures, ustensiles et outils de toute espèce nécessaires à l'exécution des travaux, sauf les exceptions stipulées au devis.

Sont également à sa charge l'établissement des chantiers et chemins de service, et les indemnités y relatives, les frais de tracé des ouvrages, les cordeaux et jalons, les frais d'éclairage des chantiers, s'il y a lieu, et généralement toutes les menues dépenses et tous les faux frais relatifs à l'entreprise.

Art. 19. — *Carrières désignées au devis.* — Les matériaux sont pris dans les lieux indiqués au devis. L'entrepreneur y ouvre, au besoin, des carrières à ses frais.

Il est tenu, avant de commencer les extractions, de prévenir les propriétaires, suivant les formes déterminées par les règlements. (Voir page 119.)

Il paye, sans recours contre l'Administration, et en se conformant aux lois et règlements sur la matière, tous les dommages qu'ont pu occasionner la prise ou l'extraction, le transport et le dépôt des matériaux. (Voir pages 104 et 108.)

Dans le cas où le devis prescrit d'extraire des matériaux dans des bois soumis au régime forestier, l'entrepreneur doit se conformer, en outre, aux prescriptions de l'article 145 du Code forestier, ainsi que des articles 172, 173 et 175 de l'ordonnance du 1er août 1827, concernant l'exécution de ce code. (Voir page 105.)

L'entrepreneur doit justifier, toutes les fois qu'il en est requis, de l'accomplissement des obligations énoncées dans le présent article, ainsi que du payement des indemnités pour établissement de chantiers et chemins de service.

Art. 20. — *Carrières proposées par l'entrepreneur.* — Si l'entrepreneur demande à substituer aux carrières indiquées dans le devis d'autres carrières fournissant des matériaux d'une qualité que les ingénieurs reconnaissent au moins égale, il reçoit l'autorisation de les exploiter, et ne subit, sur les prix de l'adjudication, aucune réduction pour cause de diminution des frais d'extraction, de transport et de taille des matériaux.

Art. 21. — *Défense de livrer au commerce les matériaux extraits des carrières désignées.* — L'entrepreneur ne peut livrer au commerce, sans l'autorisation du propriétaire, les matériaux qu'il a fait extraire dans les carrières exploitées par lui en vertu du droit qui lui a été conféré par l'Administration.

Art. 22. — *Qualités des matériaux.* — Les matériaux doivent être de la meilleure qualité dans chaque espèce, être parfaitement travaillés et mis en œuvre conformément aux règles de l'art; ils ne peuvent être employés qu'après avoir été vérifiés et provisoirement acceptés par l'ingénieur ou par ses préposés. Nonobstant cette réception provisoire et jusqu'à la réception définitive des travaux, ils peuvent, en cas de surprise, de mauvaise qualité ou de malfaçon, être rebutés par l'ingénieur, et ils sont alors remplacés par l'entrepreneur.

Art. 23. — *Dimensions et dispositions des matériaux et des ouvrages.* — L'entrepreneur ne peut, de lui-même, apporter aucun changement au projet.

Il est tenu de faire immédiatement, sur l'ordre des ingénieurs, remplacer les matériaux ou reconstruire les ouvrages dont les dimensions ou les dispositions ne sont pas conformes au devis.

Toutefois, si les ingénieurs reconnaissent que les changements faits par l'entrepreneur ne sont contraires ni à la solidité ni au goût, les nouvelles dispositions peuvent être maintenues; mais alors l'entrepreneur n'a droit à aucune augmentation de prix, à raison de dimensions plus fortes ou de la valeur plus considérable que peuvent avoir les matériaux ou les ouvrages. Dans ce cas, les métrages sont basés sur les dimensions prescrites par le devis. Si, au contraire, les dimensions sont plus faibles ou la valeur des matériaux moindre, les prix sont réduits en conséquence.

Art. 24. — *Démolition d'anciens ouvrages.* — Dans le cas où l'entrepreneur a à démolir d'anciens ouvrages, les matériaux sont déplacés avec soin pour qu'ils puissent être façonnés de nouveau et réemployés s'il y a lieu.

Art. 25. — *Objets trouvés dans les fouilles.* — L'Administration se réserve la propriété des matériaux qui se trouvent dans les fouilles et démolitions faites dans les terrains appartenant à l'État, sauf à indemniser l'entrepreneur de ses soins particuliers.

Elle se réserve également les objets d'art et de toute nature qui pourraient s'y trouver, sauf indemnité à qui de droit.

Art. 26. — *Emploi des matières neuves ou de démolition appartenant à l'État.* — Lorsque les ingénieurs jugent à propos d'employer des matières neuves ou de démolition appartenant à l'État, l'entrepreneur n'est payé que des frais de main-d'œuvre et d'emploi, d'après les éléments des prix du bordereau, rabais réduit.

Art. 27. — *Vices de construction.* — Lorsque les ingénieurs présument qu'il existe dans les ouvrages des vices de construction, ils ordonnent, soit en cours d'exécution, soit avant la réception définitive, la démolition et la reconstruction des ouvrages présumés vicieux.

Les dépenses résultant de cette vérification sont à la charge de l'entrepreneur lorsque les vices de construction sont constatés et reconnus.

Art. 28. — *Pertes et avaries; cas de force majeure.* — Il n'est alloué à l'entrepreneur aucune indemnité à raison des pertes, avaries ou dommages occasionnés par négligence, imprévoyance, défaut de moyens ou fausses manœuvres.

Ne sont pas compris, toutefois, dans la disposition précédente, les cas de force majeure qui, dans le délai de dix jours au plus après l'événement, ont été signalés par l'entrepreneur : dans ces cas, néanmoins, il ne peut être rien alloué qu'avec l'approbation de l'Administration. Passé le délai de dix jours, l'entrepreneur n'est plus admis à réclamer.

Art. 29. — *Règlement des prix des ouvrages non prévus.* — Lorsqu'il est jugé nécessaire d'exécuter des ouvrages non prévus, ou d'extraire des matériaux dans des lieux autres que ceux qui sont désignés dans le devis, les prix en sont réglés d'après les éléments de ceux de l'adjudication, ou par assimilation aux ouvrages les plus analogues. Dans le cas d'une impossibilité absolue d'assimilation, on prend pour terme de comparaison les prix courants du pays.

Les nouveaux prix, après avoir été débattus par les ingénieurs avec l'entrepreneur, sont soumis à l'approbation de l'Administration. Si l'entrepreneur n'accepte pas la décision de l'Administration, il est statué par le Conseil de préfecture.

Art. 30. — *Augmentation dans la masse des travaux.* — En cas d'augmentation dans la masse des travaux, l'entrepreneur est tenu d'en continuer l'exécution jusqu'à concurrence d'un sixième en sus du montant de l'entreprise. Au delà de cette limite, l'entrepreneur a droit à la résiliation de son marché.

Art. 31. — *Diminution dans la masse des travaux.* — En cas de diminution dans la masse des ouvrages, l'entrepreneur ne peut élever aucune réclamation tant que la diminution n'excède pas le sixième du montant de l'entreprise. Si la diminution est de plus du sixième, il reçoit, s'il y a lieu, à titre de dédommagement, une indemnité qui, en cas de contestation, est réglée par le Conseil de préfecture.

Art. 32. — *Changements dans l'importance des diverses espèces d'ouvrages.* — Lorsque les changements ordonnés ont pour résultat de modifier l'importance de certaines natures d'ouvrages, de telle sorte que les quantités prescrites diffèrent de plus d'un tiers, en plus ou en moins, des quantités portées au détail estimatif, l'entrepreneur peut présenter, en fin de compte, une demande en indemnité, basée sur le préjudice que lui auraient causé les modifications apportées à cet égard dans les prévisions du projet.

Art. 33. — *Variations dans les prix.* — Si, pendant le cours de l'entreprise, les prix subissent une augmentation telle que la dépense totale des ouvrages restant à exécuter, d'après le devis, se trouve augmentée d'un sixième comparativement aux estimations du projet, le marché peut être résilié, sur la demande de l'entrepreneur.

Art. 34. — *Cessation absolue ou ajournement des travaux.* — Lorsque l'Administration ordonne la cessation absolue des travaux, l'entreprise est immédiatement résiliée. Lorsqu'elle prescrit leur ajournement pour plus d'une année, soit avant, soit après un commencement d'exécution, l'entrepreneur a le droit de demander la résiliation de son marché, sans préjudice de l'indemnité qui, dans ce cas comme dans l'autre, peut lui être allouée, s'il y a lieu.

Si les travaux ont reçu un commencement d'exécution, l'entrepreneur peut requérir qu'il soit procédé immédiatement à la réception provisoire des ouvrages exécutés, et à leur réception définitive après l'expiration du délai de garantie.

Art. 35. — *Mesures coercitives.* — Lorsque l'entrepreneur ne se conforme pas, soit aux dispositions du devis, soit aux ordres de service qui lui sont donnés par les ingénieurs, un arrêté du préfet le met en demeure d'y satisfaire dans un délai déterminé. Ce délai, sauf le cas d'urgence, n'est pas de moins de dix jours, à dater de la notification de l'arrêté de mise en demeure.

A l'expiration de ce délai, si l'entrepreneur n'a pas exécuté les dispositions prescrites, le préfet, par un second arrêté, ordonne l'établissement d'une régie aux frais de l'entrepreneur. Dans ce cas, il est procédé immédiatement, en sa présence ou lui dûment appelé, à l'inventaire descriptif du matériel de l'entreprise.

Il en est aussitôt rendu compte au Ministre, qui peut, selon les circonstances, soit ordonner une nouvelle adjudication à la folle enchère de l'entrepreneur, soit prononcer la résiliation pure et simple du marché, soit prescrire la continuation de la régie.

Pendant la durée de la régie, l'entrepreneur est autorisé à en suivre les opérations, sans qu'il puisse toutefois entraver l'exécution des ordres des ingénieurs.

Il peut d'ailleurs être relevé de la régie, s'il justifie des moyens nécessaires pour reprendre les travaux et les mener à bonne fin.

Les excédants de dépenses qui résultent de la régie ou de

l'adjudication sur folle enchère, sont prélevés sur les sommes qui peuvent être dues à l'entrepreneur, sans préjudice des droits à exercer contre lui, en cas d'insuffisance.

Si la régie ou l'adjudication sur folle enchère amène au contraire une diminution dans les dépenses, l'entrepreneur ne peut réclamer aucune part de ce bénéfice, qui reste acquis à l'Administration.

Art. 36. — *Décès de l'entrepreneur.* — En cas de décès de l'entrepreneur, le contrat est résilié de droit, sauf à l'Administration à accepter, s'il y a lieu, les offres qui peuvent être faites par les héritiers pour la continuation des travaux.

Art. 37. — *Faillite de l'entrepreneur.* — En cas de faillite de l'entrepreneur, le contrat est également résilié de plein droit, sauf à l'Administration à accepter, s'il y a lieu, les offres qui peuvent être faites par les créanciers pour la continuation de l'entreprise.

TITRE III.

RÈGLEMENT DES DÉPENSES.

Art. 38. — *Base du règlement des comptes.* — A défaut de stipulations spéciales dans le devis, les comptes sont établis d'après les quantités d'ouvrages réellement effectuées, suivant les dimensions et les poids constatés par des métrés définitifs et des pesages faits en cours ou en fin d'exécution, sauf les cas prévus par l'article 23, et les dépenses sont réglées d'après les prix de l'adjudication.

L'entrepreneur ne peut, dans aucun cas, pour les métrés et pesages, invoquer en sa faveur les us et coutumes.

Art. 39. — *Attachements.* — Les attachements sont pris au fur et à mesure de l'avancement des travaux, par l'agent chargé de leur surveillance, en présence de l'entrepreneur et contradictoirement avec lui ; celui-ci doit les signer au moment de la présentation qui lui en est faite. (Voir Comptabilité, page 17.)

Lorsque l'entrepreneur refuse de signer ces attachements, ou ne les signe qu'avec réserve, il lui est accordé un délai de dix jours, à dater de la présentation des pièces, pour formuler par écrit ses observations. Passé ce délai, les attachements sont censés acceptés par lui, comme s'ils étaient signés sans réserve. Dans ce cas, il est dressé procès-verbal de la présentatien et des circonstances qui l'ont accompagnée. Ce procès-verbal est annexé aux pièces non acceptées.

Les résultats des attachements inscrits sur les carnets ne sont portés en compte qu'autant qu'ils ont été admis par les ingénieurs.

Art. 40. — *Décomptes mensuels.* — A la fin de chaque mois, il est dressé un décompte des ouvrages exécutés et des dépenses faites, pour servir de base aux payements à faire à l'entrepreneur.

Art. 41. — *Décomptes annuels et décomptes définitifs.* — A la fin de chaque année, il est dressé un décompte de l'entreprise, que l'on divise en deux parties : la première comprend les ouvrages et portions d'ouvrages dont le métré a pu être arrêté définitivement, et la seconde les ouvrages et portions d'ouvrages dont la situation n'a pu être établie que d'une manière provisoire.

Ce décompte, auquel sont joints les métrés et les pièces à l'appui, est présenté, sans déplacement, à l'acceptation de l'entrepreneur; il est dressé procès-verbal de la présentation et des circonstances qui l'ont accompagnée.

L'entrepreneur, indépendamment de la communication qui lui est faite de ces pièces, est, en outre, autorisé à faire transcrire par ses commis, dans les bureaux des ingénieurs, celles dont il veut se procurer les expéditions.

En ce qui concerne la première partie du décompte, l'acceptation de l'entrepreneur est définitive, tant pour l'application des prix que pour les quantités d'ouvrages.

S'il refuse d'accepter ou s'il ne signe qu'avec réserve, il doit déduire ses motifs par écrit dans les vingt jours qui suivent la présentation des pièces.

Il est expressément stipulé que l'entrepreneur n'est point admis à élever de réclamations, au sujet des pièces ci-dessus indiquées, après le délai de vingt jours, et que, passé ce délai, le décompte est censé accepté par lui, quand bien même il ne l'aurait pas signé, ou ne l'aurait signé qu'avec une réserve dont les motifs ne seraient pas spécifiés.

Le procès-verbal de présentation doit toujours être annexé aux pièces non acceptées.

En ce qui concerne la deuxième partie du décompte, l'acceptation de l'entrepreneur n'est considérée que comme provisoire.

Les stipulations des paragraphes 2, 3, 4, 5, 6 et 7 du présent article s'appliquent au décompte général et définitif de l'entreprise.

Elles s'appliquent aussi aux décomptes définitifs partiels, qui peuvent être présentés à l'entrepreneur dans le courant de la campagne.

Art. 42. — *L'entrepreneur ne peut revenir sur les prix du marché.* — L'entrepreneur ne peut, sous aucun prétexte, revenir sur les prix du marché qui ont été consentis par lui. (Voir page 114.)

Art. 43. — *Reprise du matériel en cas de résiliation.* — Dans les cas de résiliation prévus par les articles 34 et 36, les outils et équipages existant sur les chantiers et qui eussent été nécessaires pour l'achèvement des travaux, sont acquis par l'État si l'entrepreneur ou ses ayants droit en font la demande, et le prix en est réglé de gré à gré ou à dire d'experts.

Ne sont pas comprises dans cette mesure les bêtes de trait ou de somme qui auraient été employées dans les travaux.

Le reprise du matériel est facultative pour l'Administration, dans les cas prévus par les articles 9, 30, 33, 35 et 37.

Dans tous les css de résiliation, l'entrepreneur est tenu d'évacuer les chantiers, magasins et emplacements utiles à l'entreprise, dans le délai qui est fixé par l'Administration.

Les matériaux approvisionnés par ordre et déposés sur les chantiers, s'ils remplissent les conditions du devis, sont acquis par l'État aux prix de l'adjudication.

Les matériaux qui ne seraient pas déposés sur les chantiers ne sont pas portés en compte.

TITRE IV.

PAYEMENTS.

Art. 44. — *Payements d'à-compte.* — Les payements d'à-compte s'effectuent tous les mois, en raison de la situation des travaux exécutés, sauf retenue d'un dixième pour la garantie et d'un centième pour la caisse de secours des ouvriers.

Il est en outre délivré des à-compte sur le prix des matériaux approvisionnés, jusqu'à concurrence des quatre cinquièmes de leur valeur.

Le tout sous la réserve énoncée à l'article 49 ci-après.

Art. 45. — *Maximum de la retenue.* — Si la retenue du dixième est jugée devoir excéder la proportion nécessaire pour la garantie de l'entreprise, il peut être stipulé au devis ou décidé en cours d'exécution qu'elle cessera de s'accroître lorsqu'elle aura atteint un maximum déterminé.

Art. 46. — *Réception provisoire.* — Immédiatement après l'achèvement des travaux, il est procédé à une réception provisoire, par l'ingénieur ordinaire, en présence de l'entrepreneur ou lui dûment appelé par écrit. En cas d'absence de l'entrepreneur, il en est fait mention au procès-verbal.

Art. 47. — *Réception définitive.* — Il est procédé de la même manière à la réception définitive, après l'expiration du délai de garantie.

A défaut de stipulation expresse dans le devis, ce délai est de six mois, à dater de la réception provisoire, pour les travaux d'entretien, les terrassements et les chaussées d'empier-

rement, et d'un an pour les ouvrages d'art. Pendant la durée de ce délai, l'entrepreneur demeure responsable de ses ouvrages et est tenu de les entretenir.

Art. 48. — *Payement de solde.* — Le dernier dixième n'est payé à l'entrepreneur qu'après la réception définitive et lorsqu'il a justifié de l'accomplissement des obligations énoncées dans l'article 19.

Art. 49. — *Intérets pour retards de payements.* — Les payements ne pouvant être faits qu'au fur et à mesure des fonds disponibles, il ne sera jamais alloué d'indemnités, sous aucune dénomination, pour retard de payement pendant l'exécution des travaux.

Toutefois, si l'entrepreneur ne peut être entièrement soldé dans les trois mois qui suivent la réception définitive régulièrement constatée, il a droit, à partir de l'expiration de ce délai de trois mois, à des intérêts calculés d'après le taux légal pour la somme qui lui reste due.

TITRE V.

CONTESTATIONS.

Art. 50. — *Intervention de l'Ingénieur en chef.* — Si dans le cours de l'entreprise, des difficultés s'élèvent entre l'ingénieur ordinaire et l'entrepreneur, il en est référé à l'ingénieur en chef.

Dans les cas prévus par l'article 22, par le deuxième paragraphe de l'article 23 et par le deuxième paragraphe de l'article 27, si l'entrepreneur conteste les faits, l'ingénieur ordinaire dresse procès-verbal des circonstances de la contestation et le notifie à l'entrepreneur, qui doit présenter ses observations dans un délai de vingt-quatre heures; ce procès-verbal est transmis par l'ingénieur ordinaire à l'ingénieur en chef pour qu'il y soit donné telle suite que de droit.

Art. 51. — *Intervention de l'Administration.* — En cas de contestation avec les ingénieurs, l'entrepreneur doit adresser au préfet, pour être transmis avec l'avis des ingénieurs à l'Administration, un mémoire où il indique les motifs et le montant de ses réclamations.

Si, dans le délai de trois mois, à partir de la remise du mémoire au préfet, l'Administration n'a pas fait connaître sa réponse, l'entrepreneur peut, comme dans le cas où ses réclamations ne seraient point admises, saisir desdites réclamations la juridiction contentieuse.

Art. 52. — *Jugement des contestations.* — Conformément aux dispositions de la loi du 28 pluviôse an VIII, toute difficulté entre l'Administration et l'entrepreneur, concernant le sens ou l'exécution des clauses du marché, est portée devant le Conseil de préfecture, qui statue, sauf recours au conseil d'État. (Voir page 104.)

RÉSUMÉ.

Adjudications. — Nous avons dit, dans notre exposé, que les concurrents sont tenus de produire un certificat de capacité, et de verser un cautionnement égal au 1/30 de travaux à l'entreprise. Aussitôt l'adjudication approuvée, le préfet délivre à l'entrepreneur une expédition du devis, du bordereau des prix et du détail estimatif, une copie du procès-verbal d'adjudication et un exemplaire du cahier des clauses et conditions générales. Les ingénieurs lui délivrent les pièces nécessaires à l'exécution de son entreprise. Les frais d'adjudication sont à sa charge. Il élit domicile à proximité des travaux, et fait connaître le lieu de ce domicile au préfet.

Exécution des travaux. — L'entrepreneur ne peut sous-traiter sans autorisation.

— Il commence l'exécution des ouvrages dès qu'il en a reçu l'ordre de l'ingénieur.

— Il se conforme aux règlements faits pour le bon ordre et la police des chantiers.

— Sa présence ou celle d'un représentant capable est nécessaire sur le lieu des travaux.

— L'ingénieur peut exiger le renvoi de ses ouvriers pour insubordination, incapacité, etc.

— L'entrepreneur est responsable de leurs fraudes ou malfaçons.

— Il doit remettre la liste nominative de ses ouvriers.

— Il les paye au moins une fois par mois.

— Il donne, sous le contrôle de l'Administration, des secours aux ouvriers blessés ou malades, à leurs veuves et à leurs enfants.

— Il fournit les outils et machines nécessaires à l'exécution des ouvrages imputables sur les sommes à valoir.

— Les faux frais de l'entreprise sont à sa charge.

— Il prend les matériaux dans les carrières désignées au devis et supporte les dommages qui en résultent.

— Il peut être autorisé à exploiter des carrières dont il a fait choix.

— Il lui est interdit de livrer au commerce des matériaux extraits des lieux désignés, sans l'autorisation du propriétaire.

— Les matériaux doivent toujours être de la meilleure qualité.

— L'entrepreneur ne doit apporter de lui-même aucun changement au projet. — Si ses changements étaient acceptés, il ne recevrait aucune plus-value à raison de dimensions plus fortes. Dans le cas contraire, les prix seraient réduits en conséquence.

— Il doit procéder avec soin à la démolition des anciens ouvrages.

— Les objets trouvés dans les fouilles sont la propriété de l'État, qui indemnise qui de droit.

— L'emploi des matières appartenant à l'État est fait par l'entrepreneur, à qui il est alloué les frais de main-d'œuvre et d'emploi, d'après les éléments du bordereau, rabais déduit.

— Les dépenses résultant de la vérification des ouvrages ayant amené la découverte de vices de construction sont à sa charge.

— Il n'est alloué d'indemnité à l'entrepreneur que pour les pertes et avaries, résultant de force majeure.

— Les ouvrages non prévus sont réglés d'après les éléments du bordereau ou par assimilation aux ouvrages les plus analogues.

Résiliations. — L'Administration a droit de résilier son marché en indemnisant l'entrepreneur (art. 34 du cahier et 1794 du Code civil) :

Lorsque l'entrepreneur a sous-traité sans autorisation ;

Lorsqu'il ne se conforme pas aux ordres qu'il reçoit. Après deux arrêtés préfectoraux, pris à dix jours d'intervalle et dont le dernier ordonne sa mise en régie, le Ministre peut prononcer la résiliation, ordonner une nouvelle adjudication à la folle enchère, ou prescrire la continuation de la régie.

En cas de décès de l'entrepreneur ;

En cas de faillite.

L'entrepreneur a droit de demander la résiliation de son marché :

1° Lorsque l'augmentation dans la masse des travaux prévus dépasse 1/6 ;

2° Si les prix d'un ouvrage restant à exécuter se trouvent augmentés d'un 1/6, comparativement aux estimations du projet ;

3° Lorsque l'Administration ordonne la cessation absolue des travaux ou leur ajournement pendant plus d'une année.

Il peut demander, en outre, une indemnité dans ces deux derniers cas, et lorsque les travaux se trouvent diminués du 1/6 ou que les changements dans l'importance de diverses espèces d'ouvrages diffèrent de plus de 1/3 en plus ou en moins.

Règlement de dépenses. — Les bases du règlement sont les métrés définitifs et les pesages faits en cours d'exécution, les attachements pris par l'agent chargé de la surveillance des travaux.

Tous les mois, il est dressé un décompte des sommes dues à l'entrepreneur. A la fin de chaque année, il est établi un décompte divisé en deux parties : la première comprend le métré définitif ; la seconde, la situation provisoire des ouvrages. Pour la première partie l'acceptation de l'entrepreneur est considérée comme définitive pour l'application des prix et pour les quantités d'ouvrages, s'il ne produit aucune opposition écrite dans les vingt jours qui suivent la présentation du décompte ; l'acceptation de la deuxième partie est considérée comme provisoire.

L'entrepreneur ne peut revenir sur le prix de son marché.

Dans le cas de résiliation prononcée par suite de la cessation absolue des travaux ou de leur ajournement pendant plus d'un an, et du décès de l'entrepreneur, l'Administration reprend, à dire d'experts, le matériel d'entreprise, si les intéressés lui en font la demande.

Payements. — Les payements se font par à-compte mensuels, lorsque les fonds le permettent, jusqu'à concurrence des 89/100 pour les travaux exécutés et des 4/5 pour les approvisionnements (sauf le cas où un maximum de garantie a été stipulé au devis ou fixé en cours d'exécution).

Les travaux sont reçus provisoirement aussitôt leur achèvement. Le délai de garantie commence le jour de cette réception : il est, à moins de clauses particulières, de six mois pour les entretiens, terrassements, empierrements, et d'un an pour les ouvrages d'art. — La réception définitive se fait après l'expiration du délai de garantie. — Le payement de solde est fait aussitôt à l'entrepreneur s'il justifie de l'accomplissement de ses obligations vis-à-vis des tiers. — En cas de non-payement, résultant du fait de l'Administration, les intérêts commencent à courir trois mois après la réception définitive.

Contestations. — Les contestations entre l'ingénieur et l'entrepreneur sur la qualité en la mise en œuvre des matériaux, les dimensions et les dispositions des ouvrages et les dépenses résultant de vérifications ayant amené la découverte de vices de construction sont soumises à l'ingénieur en chef.

Les contestations entre les ingénieurs et l'entrepreneur sont soumises à l'Aministration supérieure. Si l'entrepreneur n'accepte pas sa décision, l'affaire est jugée par le Conseil de préfecture, sauf recours au conseil d'État.

NOTES.

1793 (4 mars). — Décret qui donne à l'Administration le droit de prendre hypothèque sur les biens des entrepreneurs et fournisseurs (Extrait).

. . . .

Art 3. — Quoique les marchés soient passés par des actes sous signatures privées, la NATION aura néanmoins hypothèque sur les immeubles appartenant aux fournisseurs et à leurs cautions, à compter du jour où les ministres auront approuvé les marchés.

An II (26 pluviôse). — Loi qui donne aux ouvriers et fournisseurs un privilége sur les sommes dues aux entrepreneurs de l'État (Extrait).

. . . .

Article premier. — Les créanciers particuliers des entrepreneurs et adjudicataires des ouvrages faits ou à faire pour le compte de la NATION, ne peuvent faire aucune saisie-arrêt ni opposition sur les fonds déposés dans les caisses des receveurs de district pour être délivrés auxdits entrepreneurs ou adjudicataires.

Art. 2. . . . .

Art. 3. — Ne sont point comprises dans les dispositions des articles précédents, les créances provenant du salaire des ouvriers employés par lesdits entrepreneurs, et les sommes dues pour fournitures de matériaux et autres objets servant à la construction des ouvrages.

Art. 4. — Néanmoins, les sommes qui resteront dues aux entrepreneurs ou adjudicataires, après la réception des ouvrages, pourront être saisies par leurs créanciers particuliers, lorsque les dettes mentionnées en l'article 3 auront été acquittées.

An VIII (28 pluviôse). — Loi qui règle les attributions des Conseils de préfecture (Extrait).

TITRE II. — ART. 4. — Le Conseil de préfecture prononcera

. . . .

Sur les difficultés qui pourraient s'élever entre les entrepreneurs de travaux publics et l'Administration, concernant le sens ou l'exécution des clauses de leurs marchés;

Sur les réclamations des particuliers qui se plaindront de torts et dommages procédant du fait personnel des entrepreneurs, et non du fait de l'Administration ;

Sur les demandes et contestations concernant les indemnités dues aux particuliers à raison des terrains pris ou fouillés pour la confection des chemins, canaux ou autres ouvrages publics ;

Sur les difficultés qui pourront s'élever en matière de grande voirie.

. . . .

1807 (16 septembre). — Loi relative aux dommages résultant des extractions de matériaux (Extrait).

ART. 55. — Les terrains occupés pour prendre les matériaux nécessaires aux routes ou aux constructions publiques, pourront être payés aux propriétaires comme s'ils eussent été pris pour la route même.

Il n'y aura lieu à faire entrer dans l'estimation la valeur des matériaux à extraire, que dans le cas où l'on s'emparerait d'une carrière déjà en exploitation. Alors lesdits matériaux seront évalués d'après leur prix courant, abstraction faite de l'existence et des besoins de la route pour laquelle ils seraient pris, ou de constructions auxquelles on les destine.

ART. 56. — Les experts, pour l'évaluation des indemnités relatives à une occupation de terrains, dans les cas prévus au présent titre, seront nommés, pour les objets de travaux de grande voirie, l'un par le propriétaire, l'autre par le préfet ; et le tiers expert, s'il en est besoin, sera de droit l'ingénieur en chef du département. Lorsqu'il y aura des concessionnaires, un expert sera nommé par le propriétaire, un par le concessionnaire et le tiers expert par le préfet.

Quant aux travaux des villes, un expert sera nommé par le propriétaire, un par le maire de la ville, ou de l'arrondissement pour Paris, et le tiers expert par le préfet.

Code forestier.

Art. 145. — Il n'est point dérogé au droit conféré à l'administration des ponts et chaussées d'indiquer les lieux où doivent être faites les extractions de matériaux pour les travaux publics ; néanmoins les entrepreneurs seront tenus envers l'État, les communes et établissements publics, comme envers les particuliers, de payer toutes les indemnités de droit, et d'observer toutes les formes prescrites par les lois et règlements en cette matière.

1827 (1er août). — Ordonnance pour l'exécution du Code forestier.

Art. 170. — Lorsque les extractions de matériaux auront pour objet des travaux publics, les ingénieurs des ponts et chaussées, avant de dresser le cahier des charges de travaux, désigneront à l'agent forestier supérieur de l'arrondissement les lieux où ces extractions devront être faites.

Les agents forestiers, de concert avec les ingénieurs ou conducteurs des ponts et chaussées, procéderont à la reconnaissance des lieux, détermineront les limites du terrain où l'extraction pourra être effectuée, le nombre, l'espèce et les dimensions des arbres dont elle pourra nécessiter l'abatage, et désigneront les chemins à suivre pour le transport des matériaux. En cas de contestation sur ces divers objets, il sera statué par le préfet.

Art. 171. — Les diverses clauses et conditions qui devront,

en conséquence des dispositions de l'article précédent, être imposées à l'entrepreneur, tant pour le mode d'extraction que pour le rétablissement des lieux en bon état, seront rédigées par les agents forestiers, et remises par eux au préfet, qui les fera insérer au cahier des charges des travaux.

Art. 172. — L'évaluation des indemnités dues à raison de l'occupation ou de la fouille des terrains, et des dégâts causés par l'extraction, sera faite conformément aux articles 55 et 56 de la loi du 16 septembre 1807. L'agent forestier supérieur de l'arrondissement remplira les fonctions d'expert dans l'intérêt de l'État; et les experts dans l'intérêt des communes ou des établissements publics seront nommés par les maires ou les administrateurs.

Art. 173. — Les agents forestiers et les ingénieurs et conducteurs des ponts et chaussées sont expressément chargés de veiller à ce que les entrepreneurs n'emploient pas les matériaux provenant des extractions à d'autres travaux que ceux pour lesquels elles auront été autorisées. Les agents forestiers exerceront contre les contrevenants toutes poursuites de droit.

Art. 175.— Les réclamations qui pourront s'élever relativement à l'exécution des travaux d'extraction et à l'évaluation des indemnités, seront soumises aux Conseils de préfecture, conformément à l'article 4 de la loi du 28 pluviôse an VIII.

1829 (10 mai).— Ordonnance réglant les formes à suivre dans l'adjudication des travaux.

Art. 9. — Les adjudications relatives aux travaux dépendant de l'administration des ponts et chaussées auront lieu à l'avenir sur un seul concours, et par voie de soumissions cachetées.

Le délai du concours sera au moins d'un mois. Toutefois il pourra être réduit dans les cas d'urgence et avec l'autorisation du directeur général des ponts et chaussées.

Art. 10. — Nul ne sera admis à concourir s'il n'a les qualités requises pour entreprendre les travaux et en garantir le succès. A cet effet, chaque concurrent sera tenu de fournir un certificat constatant sa capacité, et de présenter un acte régulier ou au moins une promesse valable de cautionnement : ce certificat et cet acte ou cette promesse seront joints à la soumission ; mais celle-ci sera placée sous un second cachet.

. . . .

Art. 11. — Les paquets seront reçus cachetés par le préfet, le Conseil de préfecture assemblé, en présence de l'ingénieur en chef. Ils seront immédiatement rangés sur le bureau, et recevront un numéro dans l'ordre de leur présentation.

Art. 12. — A l'instant fixé pour l'ouverture des paquets, le premier cachet sera rompu publiquement, et il sera dressé un état des pièces contenues sous ce premier cachet. L'état dressé, les concurrents se retireront de la salle de l'adjudication, et le préfet, après avoir consulté les membres du Conseil de préfecture et l'ingénieur en chef, arrêtera la liste des concurrents agréés.

Art. 13. — Immédiatement après, la séance redeviendra publique ; le préfet annoncera sa décision. Les soumissions seront alors ouvertes publiquement, et le soumissionnaire qui aura fait l'offre d'exécuter les travaux aux conditions les plus avantageuses sera déclaré adjudicataire.

Art. 14. — Néanmoins, si les prix de la soumission excédaient ceux du projet approuvé, le préfet surseoirait à l'adjudication ; il en rendrait compte au directeur général des ponts et chaussées, qui lui transmettrait des instructions conformes aux circonstances.

Art. 15. — Lorsqu'un certificat de capacité n'aura pas été admis, la soumission qui l'accompagnera ne sera pas ouverte.

Art. 16. — Toute soumission qui ne sera pas exactement conforme au modèle adopté, sera déclarée nulle et non avenue. (Voir page 116.)

Art. 17. — Il sera dressé, pour chaque adjudication, un procès-verbal de toutes les opérations ci-dessus indiquées.

Une copie de ce procès-verbal sera transmise immédiatement, avec les pièces qui devront l'accompagner, au directeur général des ponts et chaussées, dont l'approbation sera nécessaire pour rendre l'adjudication valable et définitive.

Toutefois, ainsi qu'il a été dit ci-dessus, les adjudications relatives aux travaux d'entretien et de réparations ordinaires deviendront valables et définitives par la seule approbation du préfet.

Art. 18. — Nonobstant les dispositions qui précèdent, et lorsque la dépense des travaux n'excédera pas cinq mille francs, le préfet pourra, dans les cas urgents, recevoir des soumissions isolées et sans concours.

Art. 19. — Dans certaines circonstances, et lorsqu'il ne s'agira que de travaux neufs dont la dépense n'excédera pas quinze mille francs, le préfet pourra déléguer au sous-préfet la faculté de passer l'adjudication au chef-lieu de la sous-préfecture; le sous-préfet suivra les formes et les dispositions ci-dessus indiquées; il sera assisté du maire du chef-lieu de la sous-préfecture, de deux membres du Conseil d'arrondissement et d'un ingénieur ordinaire.

Art. 20. — Le montant du cautionnement n'excédera pas le trentième de l'estimation des travaux, déduction faite de toutes les sommes portées à valoir pour cas imprévus, indemnités de terrains et ouvrages en régie.

Ce cautionnement sera mobilier ou immobilier, à la volonté des soumissionnaires. Les valeurs mobilières ne pourront être que des effets publics ayant cours sur la place.

1836 (21 mai). — Loi sur les chemins vicinaux.

. . . .

Art. 14. — Toutes les fois qu'un chemin vicinal, entretenu à l'état de viabilité par une commune, sera habituellement ou temporairement dégradé par des exploitations de mines, de carrières, de forêts ou de toute entreprise industrielle appartenant à des particuliers, à des établissements publics, à la Couronne ou à l'État, il pourra y avoir lieu à imposer aux entrepreneurs ou propriétaires, suivant que l'exploitation ou les transports auront eu lieu pour les uns ou pour les autres, des *subventions spéciales* dont la quotité sera proportionnée à la dégradation extraordinaire qui devra être attribuée aux exploitations.

Ces subventions pourront, au choix des subventionnaires, être acquittées en argent ou en prestations en nature, et seront exclusivement affectées à ceux des chemins qui y auront donné lieu.

Elles seront réglées annuellement, sur la demande des communes, par les Conseils de préfecture, après des expertises contradictoires, et recouvrées comme en matière de contributions directes . . . .

1836 (4 décembre). — Ordonnance portant règlement sur les marchés passés au nom de l'État.

Art. 1er. — Tous les marchés au nom de l'État seront faits avec concurrence et publicité, sauf les exceptions mentionnées en l'article suivant.

Art. 2. — Il pourra être traité de gré à gré : 1° pour les fournitures, transports et travaux dont la dépense totale n'excédera pas 10,000 francs, ou, s'il s'agit d'un marché passé pour plusieurs années, dont la dépense annuelle n'excédera pas 3,000 francs ; 2° pour toute espèce de fournitures, de transports ou de travaux, lorsque les circonstances exigeront que les opérations du Gouvernement soient tenues secrètes : ces marchés devront être préalablement autorisés par Nous, sur un rapport spécial ; 3° pour les objets dont la fabrication est exclusivement attribuée à des porteurs de brevets d'invention ou d'importation. . . . . ; 8° pour les fournitures, transports ou travaux qui n'auraient été l'objet d'aucune offre aux adjudications ou à l'égard desquels il n'aurait été proposé que des prix inacceptables ; toutefois, lorsque l'Administration aura cru devoir arrêter et faire connaître un *maximum* de prix, elle ne devra pas dépasser ce *maximum;* 9° pour les fournitures, transports et travaux qui, dans le cas d'urgence évidente, amenés par des circonstances imprévues, ne pourront pas subir les délais des adjudications.

ART. 3. — Les adjudications publiques relatives à des fournitures, à des travaux, à des exploitations ou fabrications qui ne pourraient être sans inconvénient livrées à une concurrence illimitée, pourront être soumises à des restrictions qui n'admettront à concourir que des personnes préalablement reconnues capables par l'Administration et produisant les titres justificatifs exigés par les cahiers des charges.

. . . .

ART. 5. — Les cahiers des charges détermineront la nature et l'importance des garanties que les fournisseurs ou entrepreneurs auront à produire, soit pour être admis aux adjudications, soit pour répondre de l'exécution de leurs engagements. — Ils détermineront aussi l'action que l'Administration exercera sur ces garanties, en cas d'inexécution de ces engagements.

ART. 6. — L'avis des adjudications à passer sera publié, sauf les cas d'urgence, un mois à l'avance, par la voie des affiches et par tous les moyens ordinaires de publicité. — Cet avis fera connaître : 1° le lieu où l'on pourra prendre connaissance du cahier des charges ; 2° les autorités chargées de procéder à l'adjudication ; 3° le lieu, le jour et l'heure fixés pour l'adjudication.

ART. 7. — Les soumissions devront toujours être remises cachetées en séance publique. — Lorsqu'un *maximum* de prix ou un *minimum* de rabais aura été arrêté d'avance par le ministre ou par le fonctionnaire qu'il aura délégué, ce *maximum* ou ce *minimum* devra être déposé cacheté sur le bureau, à l'ouverture de la séance.

ART. 8. — Dans le cas où plusieurs soumissionnaires auraient offert le même prix, et où ce prix serait le plus bas de ceux portés dans les soumissions, il sera procédé, séance tenante, à une réadjudication, soit sur de nouvelles soumissions, soit à l'extinction des feux, entre ces soumissionnaires seulement.

ART. 9. — Les résultats de chaque adjudication seront constatés par un procès-verbal relatant toutes les circonstances de l'opération.

ART. 10. — Il pourra être fixé par le cahier des charges un délai pour recevoir des offres de rabais sur le prix de l'adjudication. — Si, pendant ce délai, qui ne devra pas dépasser trente jours, il est fait une ou plusieurs offres de rabais d'au moins 10 0/0 chacune, il sera procédé à une réadjudication entre le premier adjudicataire et l'auteur ou les auteurs des offres de rabais, pourvu que ces derniers aient, préalablement à leurs offres, satisfait aux conditions imposées par le cahier des charges pour pouvoir se présenter aux adjudications.

ART. 11. — Les adjudications et réadjudications seront toujours subordonnées à l'approbation du ministre compétent, et ne seront valables et définitives qu'après cette approbation, sauf les exceptions spécialement autorisées et rappelées dans le cahier des charges.

ART. 12. — Les marchés de gré à gré seront passés par nos ministres ou par les fonctionnaires qu'ils auront délégués à cet effet. Ils auront lieu :

1° Soit sur un engagement souscrit à la suite d'un cahier des charges ;

2° Soit sur soumission souscrite par celui qui propose de traiter ;

3° Soit sur correspondance, suivant les usages du commerce.

Il pourra y être suppléé par des achats faits sur simple facture, pour les objets qui devront être livrés immédiatement, et dont la valeur n'excédera pas *mille francs* (décret du 31 mai 1862).

ART. 13. — Les dispositions de la présente ordonnance ne

sont point applicables aux marchés passés aux Colonies ou hors du territoire français, ni aux travaux que l'Administration se trouve dans la nécessité d'exécuter en régie ou à la journée.

Arrêté ministériel du 15 décembre 1848 relatif aux secours à accorder aux ouvriers des travaux publics en cas d'accidents.

. . . .

Article premier. — Des ambulances seront établies, sur la proposition des ingénieurs ou des architectes, et avec l'autorisation du ministre, sur les ateliers de travaux publics non adjugés à des associations d'ouvriers qui, par leur importance, leur situation et la nature des travaux, rendront cette mesure nécessaire.

Art. 2. — Le service de ces ambulances sera fait par des médecins ou chirurgiens pris autant que possible dans la localité la plus voisine.

Art. 3. — Les ouvriers atteints de blessures ou de maladies occasionnées par les travaux, après avoir reçu sur place les premiers secours de l'art, seront soignés gratuitement à l'hôpital ou à domicile.

Art. 4. — Pendant la durée de l'interruption obligée du travail, qui devra être constatée par un certificat du médecin, ils recevront la moitié du salaire qu'ils auraient pu gagner s'ils avaient continué à travailler.

L'allocation de la moitié du salaire sera accordée aux ouvriers soignés à l'hôpital, mais dans le cas seulement où ils seront mariés ou auront des charges de famille. (Décision ministérielle du 22 octobre 1851.)

Art. 5. — Lorsque, par suite de blessures, il seront devenus impropres au travail de leur profession, on leur allouera la moitié de leur salaire pendant une année à partir du jour de l'accident.

Art. 6. — Lorsqu'un ouvrier marié, ou ayant des charges de famille, aura été tué sur les travaux, ou aura succombé à la suite, soit de blessures, soit d'une maladie occasionnée par les travaux, sa veuve ou sa famille aura droit à une indemnité de 300 francs.

Art. 7. — Les secours mentionnés aux deux articles précédents pourront être augmentés par des décisions spéciales du ministre des travaux publics, selon la position et les besoins des victimes ou de leur famille.

Art. 8. — Les ouvriers qui seront blessés étant dans un état d'ivresse ne pourront recevoir que des secours médicaux.

Art. 9. — Pour assurer le service médical et le payement des secours, il sera opéré à l'avenir une retenue de 1 0/0 *sur la valeur de l'ensemble des travaux adjugés à des entrepreneurs.* (Décision ministérielle du 22 octobre 1851.)

En cas d'insuffisance du produit de cette retenue, il y sera pourvu par une allocation dont le montant, réglé par le ministre des travaux publics, sera prélevé sur le fonds des travaux.

Si ce produit excède, au contraire, les besoins constatés jusqu'à la fin de l'entreprise, l'excédant sera restitué à l'entrepreneur.

Lorsque les travaux seront exécutés par voie de régie au compte de l'Administration, les dépenses du service médica et les secours seront à la charge de l'État.

Art. 10. — Il sera fait application aux associations d'ouvriers de la mesure énoncée au deuxième paragraphe de l'article 9. En conséquence, en cas d'insuffisance du produit de la retenue de 1 0/0 *faite sur la valeur de l'ensemble des travaux*, il y sera suppléé au moyen d'une allocation accordée par le ministre des travaux publics sur les fonds des travaux.

Un règlement spécial déterminera les conditions du concours de l'État et les formalités à remplir par les associations qui auront à faire constater l'insuffisance de leurs fonds de secours.

Art. 11. — Lorsqu'un accident aura occasionné la mort d'un ouvrier, un procès-verbal en sera immédiatement dressé par les agents de l'Administration. Ce procès-verbal fera connaître la cause et les circonstances de l'accident.

Art. 12. — Chaque année, les ingénieurs et architectes adresseront à l'Administration un relevé des accidents de toute nature qui seront arrivés dans les travaux soit en régie, soit adjugés à des entrepreneurs ou à des associations. Ce relevé devra faire connaître les causes auxquelles les accidents pourront être attribués.

1851 (23 juillet). Demande des entrepreneurs tendant à obtenir des indemnités par voie gracieuse.

Monsieur le Préfet, depuis plusieurs années l'Administration a pris le sage parti de refuser aux entrepreneurs des travaux publics les indemnités qu'ils lui demandent par voie gracieuse pour les pertes qu'ils ont éprouvées dans le cours de leurs opérations, en dehors des cas prévus par le cahier des charges. Cependant les entrepreneurs continuent à invoquer sa bienveillance toutes les fois que leur spéculation n'a pas eu de succès, et il arrive même souvent que MM. les Ingénieurs croient pouvoir appuyer leurs sollicitations.

Je dois conclure de ces recours à la justice gracieuse de l'Administration que ses résolutions n'ont pas reçu une publicité suffisante ; comme il importe de ne pas laisser se prolonger et encore moins d'encourager des espérances qui ne peuvent avoir aucun fondement, je vous prie d'inviter MM. les Ingénieurs de votre département à faire connaître aux entrepreneurs que l'Administration a la ferme volonté d'assurer la stricte exécution du cahier des charges et des devis ; que, de même qu'elle est prête à se conformer à toutes ses obligations, elle entend se renfermer rigoureusement dans son droit, et que désormais elle rejettera sans exception les recours formés auprès d'elle par la voie gracieuse.

. . . .

Les marchés de travaux publics sont des contrats aléatoires ;

il est du devoir de l'Administration de ne se prêter à aucune dérogation qui serait préjudiciable aux intérêts de l'État. Si un entrepreneur réalise des bénéfices exagérés, l'Administration n'a pas et ne peut avoir le droit d'exiger la révision des prix et de diminuer le gain qui a été fait sur elle ; si, au contraire, l'entrepreneur essuie des pertes, il ne peut exiger que l'Administration vienne à son aide. Autrement, les conditions de publicité et de concurrence seraient tout à fait illusoires, les marchés ne seraient plus sérieux, les chances ne seraient plus égales entre les parties, et, en définitive, l'État, qui ne profiterait jamais des spéculations heureuses, supporterait presque toujours les conséquences des mauvaises.

1852 (28 juillet). — **Circulaire ministérielle sur la tenue des bureaux. — Registre des ordres de service donnés aux entrepreneurs.**

Art. 9. — L'ingénieur ordinaire fait tenir un registre des ordres de service aux entrepreneurs, modèle n° 15.

Les ordres donnés aux divers entrepreneurs, avant et pendant l'exécution des travaux, y sont inscrits par ordre chronologique, sans lacune et sans classification, et portés immédiatement à la connaissance de l'entrepreneur, qui appose sa signature en forme de reçu dans la colonne réservée à cet effet. En cas de refus ou d'éloignement de l'entrepreneur, l'ordre lui est notifié au domicile qu'il a élu, par un agent de l'Administration, et mention est faite sur le registre du nom de l'agent et de la date de la notification.

Il est formé, à la fin du registre, un répertoire dans lequel un article est réservé à chaque entreprise.

Art. 10. — Sur les chantiers assez importants pour qu'un bureau y soit affecté et qu'un conducteur y soit placé à demeure, il pourra être ouvert un registre spécial d'ordres de service semblable au registre général.

Art. 11. — Les ordres sont inscrits sur le registre par les

soins de l'ingénieur ordinaire, soit que l'ingénieur en chef, dans sa correspondance, ait pris l'initiative de ces ordres, soit qu'ils émanent de l'ingénieur ordinaire lui-même. Dans le premier cas, il est fait mention de la date de la lettre écrite par l'ingénieur en chef.

L'ingénieur en chef, dans ses tournées, lorsqu'il le juge nécessaire, inscrit lui-même ses ordres sur le registre.

En cas d'urgence constatée, le conducteur détaché sur un atelier isolé où il existe un registre spécial, pourra donner des ordres de service à l'entrepreneur, et les inscrira sur le registre; mais il en rendra compte immédiatement à l'ingénieur.

Dans tous les cas, l'ingénieur ou le conducteur appose sa signature au bas de l'ordre qu'il a donné.

1858 (10 juillet). — Circulaire ministérielle relative à un nouveau modèle de soumission.

Monsieur le Préfet, des difficultés qui se sont élevées dans plusieurs départements, au sujet du règlement de compte des travaux exécutés pour le service des ponts et chaussées, ont démontré la nécessité :

1° De faire porter désormais le rabais souscrit dans les soumissions des entrepreneurs sur l'analyse des prix plutôt que sur les prix du détail estimatif, comme on l'a généralement fait jusqu'à présent;

2° De modifier, en conséquence, la rédaction de l'analyse des prix;

3° D'adopter, en outre, un modèle pour les soumissions des entrepreneurs, en exécution de l'article 16 de l'ordonnance du 10 mai 1829.

Après avoir examiné la question en conseil général des ponts et chaussées, j'ai reconnu, avec le conseil, qu'il y a lieu de substituer les deux formules ci-jointes à l'analyse des prix et au modèle de soumission aujourd'hui en usage dans le service des ponts et chaussées.

La formule suivie jusqu'à ce jour pour l'analyse des prix

renferme déjà une colonne pour les prix d'application distingués des prix élémentaires; mais, du moment où cette pièce acquiert une importance nouvelle, il convient de lui donner une forme de nature à prévenir toute erreur et tout malentendu. On l'a, à cet effet, scindée en deux parties entièrement distinctes.

La première et la plus importante, désignée sous la dénomination de *Bordereau des prix*, servira de base aux adjudications. Les prix seront énumérés sans aucun détail, sans le mélange d'aucun chiffre étranger qui puisse former confusion. Une observation, imprimée sur la première page, avertit le lecteur de la portée de ces chiffres et appelle l'attention des intéressés.

La seconde partie, sous le simple titre de *Renseignements*, comprend les sous-détails et les calculs au moyen desquels les ingénieurs sont arrivés à l'établissement des prix. Il est bien évident que, en général, il doit y avoir concordance entre les deux parties; mais si, par exception, ce fait ne se réalisait pas, la formule adoptée avertit clairement les entrepreneurs que les prix du bordereau sont seuls applicables.

On trouve à la dernière page des explications sur la manière de remplir cette formule. Elles devront toujours être conservées, afin de donner aux entrepreneurs les moyens de procéder à une vérification.

MODÈLE DE SOUMISSION.

Je, soussigné (*nom, prénoms, profession et demeure*), faisant élection de domicile à. . . . . ., après avoir pris connaissance (*mentionner le devis et les pièces communiquées et désigner les travaux auxquels elles s'appliquent*), lesquels travaux sont évalués ensemble à. . . . . ., non compris une somme à valoir. . . . .

(*) Me soumets et m'engage à exécuter lesdits travaux, conformément aux conditions du devis, et moyennant les prix d'ap-

(*) Lorsqu'il y a plusieurs entrepreneurs, mettre : *Nous, soussignés.... nous obligeons conjointement et solidairement.....*

plication du bordereau, sur lesquels je consens un rabais de (*en toutes lettres*) francs (*sans fraction*) par cent francs.

M'engage, en outre, à payer les frais d'affiches et de publication, ceux de timbre et d'expédition du devis, du bordereau des prix et du détail estimatif, ainsi que du procès-verbal d'adjudication, enfin le droit d'enregistrement auquel la présente soumission pourra donner lieu si elle est acceptée.

Fait à le 18 .

(*Signature du soumissionnaire.*)

1861 (13 avril). — Décret sur la décentralisation administrative (Extrait).

. . . .

Les préfets statueront aussi, sans l'autorisation du ministre des travaux publics, mais sur l'avis ou la proposition des ingénieurs en chef, sur les divers objets dont suit la nomenclature :

. . . .

13° Approbation des adjudications autorisées par le ministre pour les travaux imputables sur les fonds du Trésor ou des départements, dans tous les cas où les soumissions ne renferment aucune clause extraconditionnelle, et où il n'aurait été présenté aucune réclamation ou protestation.

14° Approbation des prix supplémentaires pour des parties d'ouvrages non prévues au devis ; dans ce cas il ne doit résulter de l'exécution de ces ouvrages aucune augmentation dans la dépense.

15° Approbation, dans la limite des crédits ouverts, des dépenses dont la nomenclature suit : *a*. Acquisitions de terrains, d'immeubles, etc., dont le prix ne dépasse pas 25,000 francs ; — *b*. Indemnités mobilières ; — *c*. Indemnités pour dommages ; — *d*. Frais accessoires aux acquisitions d'immeubles, aux indemnités mobilières et aux dommages ci-dessus désignés ; — *e*. Loyers des magasins, terrains, etc. ; — *f*. Secours aux ouvriers réformés, blessés, etc., dans les limites déterminées par les instructions.

16° Approbation de la répartition rectifiée des fonds d'entretien et des décomptes définitifs des entreprises, quand il n'y a pas d'augmentaton sur les dépenses autorisées.

17° Autorisation de la mainlevée des hypothèques prises sur les biens des adjudicataires ou de leurs cautions, et du remboursement des cautionnements après la réception définitive des travaux. . . . .

1868 (8 février). — Décret portant règlement sur l'occupation temporaire des terrains nécessaires à l'exécution des travaux publics.

Article premier. — Lorsqu'il y a lieu d'occuper temporairement un terrain, soit pour y extraire des terres ou des matériaux, soit pour tout autre objet relatif à l'exécution des travaux publics, cette occupation est autorisée par un arrêté du préfet, indiquant le nom de la commune où le terrain est situé, les numéros que les parcelles dont il se compose portent sur le plan cadastral et le nom du propriétaire.

Cet arrêté vise le devis qui désigne le terrain à occuper, ou le rapport par lequel l'ingénieur en chef chargé de la direction des travaux propose l'occupation.

Un exemplaire du présent règlement est annexé à l'arrêté.

Art. 2. — Le préfet envoie ampliation de son arrêté à l'ingénieur en chef et au maire de la commune. L'ingénieur en chef en remet une copie certifiée à l'entrepreneur, le maire notifie l'arrêté au propriétaire du terrain ou à son représentant.

Art. 3. — En cas d'arrangement à l'amiable entre le propriétaire et l'entrepreneur, ce dernier est tenu de présenter aux ingénieurs, toutes les fois qu'il en est requis, le consentement écrit du propriétaire ou le traité qu'il a fait avec lui.

Art. 4. — A défaut de convention amiable, l'entrepreneur, préalablement à toute occupation du terrain désigné, fait au propriétaire, ou, s'il ne demeure pas dans la commune, à son fermier, locataire ou gérant, une notification par lettre chargée indiquant le jour où il compte se rendre sur les lieux ou s'y faire représenter. Il l'invite à désigner un expert pour procéder, contradictoirement avec celui qu'il aura lui-même choisi, à la constatation de l'état des lieux.

En même temps, l'entrepreneur informe par écrit le maire de la commune de la notification faite par lui au propriétaire.

Entre cette notification et la visite des lieux, il doit y avoir un intervalle de dix jours au moins.

Art. 5. — Au jour fixé, les deux experts procèdent ensemble à leurs opérations contradictoires. Ils s'attachent à constater l'état des lieux de manière qu'en rapprochant plus tard cette constatation de celle qui sera faite après l'exécution des travaux, on ait les éléments nécessaires pour évaluer la dépréciation du terrain ou faire l'estimation des dommages. Ils font eux-mêmes cette estimation si l'entrepreneur et le propriétaire y consentent.

Ils dresseront leur procès-verbal en trois expéditions, dont l'une est remise au propriétaire du terrain, une autre à l'entrepreneur et la troisième au maire de la commune.

Art. 6. — Si, dans le délai fixé par le dernier paragraphe de l'article 4, le propriétaire refuse ou néglige de nommer son expert, le maire en désigne un d'office, pour opérer contradictoirement avec l'expert de l'entrepreneur.

Art. 7. — Immédiatement après les constations prescrites par les articles précédents, l'entrepreneur peut occuper le terrain et y commencer les travaux autorisés par l'arrêté du préfet, tous les droits du propriétaire étant réservés en ce qui concerne le règlement de l'indemnité.

Toutefois, s'il existe sur ce terrain des arbres fruitiers ou de haute futaie qu'il soit nécessaire d'abattre, l'entrepreneur est tenu de les laisser subsister jusqu'à ce que l'estimation en ait été faite dans les formes voulues par la loi.

En cas d'opposition de la part du propriétaire, l'occupation a lieu avec l'assistance du maire ou de son délégué.

Art. 8. — Après l'achèvement des travaux et, s'ils doivent durer plusieurs années, à la fin de chaque campagne, il est fait une nouvelle constatation de l'état des lieux.

A défaut d'accord entre l'entrepreneur et le propriétaire pour l'évaluation partielle ou totale de l'indemnité, il est procédé conformément à l'article 56 de la loi du 16 septembre 1807. (Voir page 104.)

Art. 9. — Lorsque les travaux sont exécutés directement par l'Administration, sans l'intermédiaire d'un entrepreneur, il est procédé comme il a été dit ci-dessus ; mais alors la notification prescrite dans l'article 4 est faite par les soins de l'ingénieur, et l'expert chargé de constater l'état des lieux contradictoirement avec celui du propriétaire, est nommé par le préfet.

1869 (30 juin). — Circulaire du ministre des travaux publics aux préfets, relative à la rédaction des devis et cahier de charges (Extrait).

Monsieur le Préfet, aux termes du programme annexé à la circulaire ministérielle du 14 janvier 1850, relative à la rédaction des projets dépendant du services des ponts et chaussées, les pièces de ces projets ne doivent reproduire aucune des conditions qui figurent dans le cahier des clauses et conditions générales, auquel il doit toujours être renvoyé par le dernier article du devis-cahier des charges.

. . . .

Il importe d'éviter ces doubles emplois qui, en même temps qu'ils augmentent, sans aucune utilité, l'étendue des cahiers des charges spéciaux, ont l'inconvénient d'amoindrir, jusqu'à un certain point, l'autorité de celles des clauses et conditions générales qui ne sont pas reproduites dans ces cahiers des charges.

Interdiction du travail les dimanches et jours fériés.

21 *août* 1873. — *Circulaire ministérielle* (*Extrait*).

Monsieur le Préfet, depuis de longues années déjà tous les

contrats passés au nom du ministère des travaux publics pour les entreprises de ce ministère, contiennent une clause portant, en termes exprès, qu'il est interdit aux entrepreneurs de faire travailler leurs ouvriers les dimanches et jours de fête reconnus par la loi.

Cette interdiction a été rappelée à diverses reprises par mes prédécesseurs. Le ministre de l'intérieur, de son côté, a imposé les mêmes prescriptions pour les travaux des départements et des communes, et l'on a, par suite de tous ces efforts réunis, pu constater une notable amélioration.

Il importe au plus haut degré, Monsieur le Préfet, que cette disposition, essentiellement moralisatrice, soit rigoureusement observée, et que, sauf les cas d'urgence ou de nécessité absolue, pour lesquels il doit en être référé en temps utile à l'autorité supérieure, tous les travaux qui s'exécutent pour le compte de l'État soient suspendus les dimanches et jours de fête reconnus par la loi.

TROISIÈME PARTIE

RÈGLEMENT DES CANTONNIERS

TROISIÈME PARTIE

Règlement pour le service des cantonniers en date du 10 février 1835.

ARTICLE PREMIER. — *Définition du service des cantonniers.* — Les cantonniers sont chargés des travaux de main-d'œuvre relatifs à l'entretien journalier des routes, sur une certaine étendue de route qui prend le nom de *canton.*

Ils doivent obéissance, pour tout ce qui a rapport à leur service, aux Ingénieurs, Conducteurs et autres Agents de l'Administration des ponts et chaussées.

ART. 2. — *Nomination et révocation des cantonniers.* (Arrêté ministériel du 10 janvier 1852.) — Les cantonniers sont nommés par le Préfet, sur une liste de proposition présentée par l'Ingénieur en chef, et contenant un nombre de candidats triple ou au moins double du nombre d'emplois à remplir.

Ils sont congédiés par le Préfet sur la proposition ou sur l'avis de l'Ingénieur en chef.

ART. 3. — *Conditions d'admission.* — Pour être nommé cantonnier, il faut:

1° Avoir satisfait aux lois sur la conscription et ne pas être âgé de plus de quarante-cinq ans ;

2° N'être atteint d'aucune infirmité qui puisse s'opposer à un travail journalier et assidu ;

3° Avoir travaillé dans des ateliers de construction ou de réparations de routes ;

4° Être porteur d'un certificat de moralité délivré par le Maire de la commune ou par le Sous-Préfet de l'arrondissement.

Les postulants qui sauront lire et écrire seront préférés.

Art. 4. — *Cantonniers-chefs.* — Tous les cantons de route d'un département seront répartis en circonscriptions contenant chacune au moins six cantons; les six cantonniers formeront entre eux une brigade; l'un d'eux sera *cantonnier-chef;* il devra savoir lire et écrire, et il sera choisi parmi les cantonniers qui se seront distingués par leur zèle, leur bonne conduite et leur intelligence.

Les cantonniers-chefs auront une station plus courte que celle des autres cantonniers, pour qu'il leur soit possible de vaquer aux devoirs spéciaux qui leur sont imposés.

Ils accompagneront les Conducteurs et Agents secondaires dans leurs tournées.

Ils prendront connaissance des ordres qui seront donnés par ces Agents aux cantonniers de leur brigade et veilleront à ce que ces ordres reçoivent leur exécution.

Il parcourront, en conséquence, toute l'étendue de leur circonscription au moins une fois par semaine, en faisant varier les jours et les heures de leurs visites, pour s'assurer de la présence des cantonniers; ils les guideront dans leur travail; ils rendront compte aux employés de l'Administration sous les ordres desquels ils seront plus spécialement placés et ils fourniront aux Ingénieurs tous les renseignements qui leur seront demandés.

Ils pourront être momentanément employés à surveiller l'exécution et à tenir les attachements des travaux de repiquage des chaussées pavées, et à diriger des ateliers ambulants (1).

Art. 5. — *Signes distinctifs des cantonniers.* — Les cantonniers porteront une veste de drap bleu et un chapeau de cuir, autour de la forme duquel sera écrit en découpure, sur une bande de cuivre de 0m 28 de longueur et de 0m 055 de largeur, le mot *cantonnier.*

---

(1) *Contravention.* — En vertu de l'article 2 de la loi du 23 mars 1842 et de l'article 15 de la loi du 30 mai 1851, les cantonniers-chefs sont spécialement chargés de constater les contraventions à la police de la grande voirie et du roulage; ils doivent, en conséquence, prêter serment, en entrant en fonctions. (Voir page 143.)

Les cantonniers-chefs porteront, en outre, au bras gauche un brassard conforme au modèle arrêté par l'Administration.

Il sera remis, en outre, à chacun de ces ouvriers un signal ou guidon formé d'un jalon de deux mètres de longueur, divisé en décimètres, ferré par le bas et garni par le haut d'une plaque en forte tôle de 0m 24 de largeur, et de 0m 16 de hauteur, sur chacune des faces de laquelle sera indiqué en chiffres de 0m 08 de hauteur le numéro du canton.

Ce guidon sera toujours planté sur la route à moins de cent mètres de distance de l'endroit où travaillera le cantonnier.

ART. 6. — *Du travail des cantonniers.* — Le travail des cantonniers consiste à maintenir ou à rétablir la route chaque jour et autant que possible à chaque instant, de manière à ce qu'elle soit sèche, nette, unie, sans danger en temps de glace, ferme et d'un aspect satisfaisant en toute saison.

A cet effet, ils devront, suivant les ordres et les instructions qui leur seront donnés au besoin :

1° Assurer l'écoulement des eaux au moyen du curage des cassis, gargouilles, arceaux et de petites saignées faites à propos partout où elles seront nécessaires, en observant que ces saignées ne devront jamais être faites dans le corps de la chaussée ;

2° Faire en saison convenable les terrasses pour ouvrir ou entretenir les fossés, régler les accotements et talus, jeter les terres excédantes sur les terrains voisins, s'il n'y a pas d'opposition (1), ou les emmétrer pour faciliter leur mesurage ou leur enlèvement ;

3° Enlever dans le plus court délai possible, au rabot où à la pelle, les boues liquides ou molles sur toute la largeur de la

(1) L'obligation pour les riverains des routes de recevoir sur leur sol le produit du curage des fossés et du règlement des accotements subsiste encore aujourd'hui. En cas d'opposition d'un riverain, le cantonnier, qui ne peut être juge de la question, doit évidemment s'abstenir jusqu'à ce que le débat ait été tranché par l'autorité compétente. C'est dans ce sens seulement qu'il faut entendre les mots : *S'il n'y a pas d'opposition.* Circulaire du Directeur général des ponts et chaussées du 30 juillet 1835.

chaussée, quand même il n'y aurait ni flâches, ni ornières, et accumuler jusqu'à nouvel ordre, sur l'accotement, ces boues en tas réguliers pour être mesurés s'il y a lieu ;

4° Régaler ces boues, lorsqu'elles seront sèches, sur les accotements qui auront perdu leur forme ou qui auront plus de 4 centimètres de pente en travers et jeter le surplus sur les champs voisins s'il n'y a pas d'opposition ;

5° Redoubler de soins aux approches de l'hiver pour l'exécution de ce qui est prescrit aux deux paragraphes précédents, afin d'éviter les bourrelets de terres gelées ;

6° Dans les temps secs, enlever la poussière et la déposer sur les accotements ;

7° Déblayer les neiges sur toute la largeur de la route ou au moins de la chaussée, notamment aux endroits où elles s'accumulent et gênent la circulation ; les jeter immédiatement sur les champs voisins, s'il est possible, ou les mettre en tas sur les accotements, de manière à indiquer aux conducteurs de voitures l'emplacement de la voie ;

8° Casser les glaces de la chaussée et les enlever, et répandre du sable et des gravats, notamment dans les côtes et les tournants trop brusques ;

9° Casser aussi les glaces des fossés et les enlever dans les endroits où elles s'accumulent de manière à faire craindre une inondation de la route lors du dégel ;

10° Au moment du dégel, favoriser l'écoulement des eaux, et enlever les fragments de glaces, les boues et les immondices, afin que les effets de ce dégel nuisent le moins possible au roulage et à la route ;

11° Rassembler, casser et emmétrer, en tas distincts et d'une forme particulière, toutes les pierres errantes, mobiles, saillantes ou seulement apparentes, lorsqu'elles auront trop de volume, et celles qui seraient à proximité dans les champs voisins et dont on pourrait disposer pour les approvisionnements de la route ;

Casser les matériaux destinés à l'entretien, quand ce cassage ne devra pas être fait par l'entrepreneur de la fourniture ;

12° Couper ou arracher les chardons ou autres mauvaises herbes, notamment avant leur floraison ;

13° Débarrasser la chaussée des pierres errantes et de tout ce qui peut porter obstacle à la circulation ;

14° Nettoyer et débarrasser des terres, plantes et corps étrangers, les plinthes, cordons et parapets des ponts, ponceaux et autres ouvrages d'art ;

15° Veiller à la conservation des bornes, des poteaux indicateurs et des repères de nivellement établis sur la route ;

16° Cultiver et soigner les plantations qui appartiennent à l'État, veiller à leur conservation et à celle des plantations des particuliers ; redresser provisoirement les jeunes arbres penchés par le vent, et faire généralement partout ce que le bien de la route exige, conformément aux instructions plus particulières qui seront données par les Ingénieurs des localités pour l'exécution des dispositions générales ci-dessus.

Art. 7. — *Emploi des matériaux.* — Sur les routes à l'état d'entretien, les cantonniers se conformeront, pour l'emploi des matériaux, aux dispositions suivantes :

Ces matériaux seront mis en œuvre au fur et à mesure du besoin, en choisissant toujours pour leur emploi les temps humides, et en évitant surtout les rechargements généraux et les jets de pierres à la volée.

Pour procéder régulièrement, on aura soin de marquer en temps de pluies les flâches et les traces de voitures qui altéreraient sensiblement la forme de la chaussée.

Ces parties dégradées seront nettoyées et piquées particulièrement sur les bords, mais seulement jusqu'à la profondeur nécessaire pour assurer la liaison des matériaux.

Les matériaux provenant du piquage seront purgés de terre et cassés s'il est nécessaire, avant d'être employés.

On opérera le remplissage des flâches ou traces de voitures, tant avec ces débris qu'avec la quantité nécessaire de matériaux neufs reçus par l'Ingénieur. Ils seront battus avec soin, de manière qu'ils fassent corps avec les couches inférieures, et ils seront ensuite arasés suivant la forme de la chaussée.

Les parties ainsi restaurées devront être entretenues avec un soin particulier jusqu'à ce qu'elles soient complétement affermies.

Quant aux routes qui ne sont pas à l'état d'entretien, et sur lesquelles néanmoins le roulage est établi, on s'attachera à les maintenir en aussi bon état que possible, en employant, avec les soins qui viennent d'être indiqués, les matériaux dont on pourra disposer.

On observera d'ailleurs d'arracher les pierres trop grosses et les bordures saillantes qui deviendraient une cause de dégradation, et on ne les mettra en œuvre qu'après les avoir réduites en fragments de grosseur convenable.

Les rechargements plus ou moins étendus à faire sur les routes dégradées seront ordonnés par l'Ingénieur, qui désignera également les matériaux à y employer. Les flâches et ornières à recharger devront être préalablement purgées de boue et de terre, et leur surface sera ensuite piquée sur quatre à cinq centimètres de profondeur. L'on observera d'ailleurs de ne répandre les matériaux que par couches de cinq à six centimètres, qui seront battues et affermies avec soin.

Art. 8. — *Tâches à remplir.* — Pour exciter et soutenir l'activité des cantonniers, les Ingénieurs, les Conducteurs ou les Agents secondaires leur assigneront des tâches à remplir dans un temps donné, toutes les fois que les circonstances locales le permettront.

L'indication sommaire de ces tâches sera inscrite sur la partie du livret réservée aux ordres de service.

Les travaux ainsi prescrits seront un des principaux objets de la surveillance, tant des chefs immédiats des cantonniers que de MM. les Maires.

Art. 9. — *Fixation des heures de travail.* (*Décision du Directeur général des Ponts et Chaussées du 20 juillet 1835*). — Du 1er mai au 1er septembre, les cantonniers seront sur les routes, sans désemparer, depuis cinq heures du matin jusqu'à sept heures du soir. Le reste de l'année, ils y seront depuis le lever jusqu'au coucher du soleil. Ils prendront leurs repas sur la route aux heures qui seront fixées par l'Ingénieur en chef. La durée totale des repas n'excédera pas deux heures; mais durant les grandes chaleurs, elle pourra être portée à trois heures.

Art. 10. — *Déplacement des cantonniers.* — Les cantonniers pourront être déplacés, soit isolément, soit en brigades, lorsque les besoins du service l'exigeront impérieusement, pour être dirigés sur les points qui leur seront indiqués.

Ces déplacements ne devront jamais avoir lieu que sur un ordre exprès de l'Ingénieur.

Art. 11. — *Présence obligée des cantonniers en temps de pluie, de neige, etc.* — Les pluies, les neiges ou autres intempéries ne pourront être un prétexte d'absence pour les cantonniers; ils devront même, dans ces cas, redoubler de zèle et d'activité pour prévenir les dégradations et assurer une viabilité constante dans toute l'étendue de leurs cantons; ils seront autorisés néanmoins à se faire des abris fixes ou portatifs qui n'embarrassent ni la voie publique ni les propriétés riveraines, et qui soient à la vue de la route, à moins de dix mètres de distance, pour qu'on puisse toujours constater la présence de ces ouvriers.

Art. 12. — *Assistance gratuite aux voyageurs.* — Les cantonniers doivent porter gratuitement aide et assistance aux voituriers et voyageurs, mais seulement dans les cas d'accidents.

Art. 13. — *Surveillance sur les contraventions en matière de grande voirie.* — Pour prévenir autant que possible les délits de voirie, les cantonniers devront avertir les riverains des routes qui, par des dispositions quelconques, feraient présumer qu'ils pourraient se mettre en contravention. Ils auront l'œil, en conséquence, sur les réparations, constructions, dépôts, anticipations et plantations qui auraient lieu sans autorisation sur la voie publique, dans l'étendue de leurs cantons. Ils devront signaler ces contraventions aux agents de l'Administration, lors des tournées de ces Agents, ou même les leur faire connaître immédiatement, soit par correspondance, soit par l'intermédiaire des cantonniers-chefs.

Art. 14. — *Outils dont doivent être pourvus les cantonniers.* — Chaque cantonnier sera pourvu à ses frais :

1° D'une brouette ;

2° D'une pelle en fer ;

3° D'une pelle en bois ;

4° D'un outil dit *tournée*, formant pioche d'un côté et pic de l'autre ;

5° D'un rabot de fer ;

6° D'un rabot de bois ;

7° D'un râteau de fer ;

8° D'une pince en fer ;

9° D'une masse en fer ;

10° Enfin, d'un cordeau de 20 mètres.

Les cantonniers-chefs devront être pourvus, en outre, de trois nivelettes ou voyants, d'un niveau à perpendicule gradué, pour indiquer les pentes, et d'un double mètre.

Art. 15. — *Outils d'espèces particulières à fournir par l'Administration.* — Il sera remis à chaque cantonnier un anneau en fer de six centimètres de diamètre, pour qu'il puisse reconnaître si le cassage de la pierre qu'il aura à répandre sur la route est fait conformément aux prescriptions du devis.

Art. 16. — *Fourniture d'outils aux cantonniers à titre d'avance.* — Il pourra être fourni, *à titre d'avance*, aux cantonniers qui n'auraient pas le moyen de se les procurer, les outils qui leur manqueraient. Le remboursement de la valeur de ces outils sera assuré à l'Administration par des retenues successives qui, sauf le cas de renvoi d'un cantonnier, ne pourront excéder le sixième du salaire mensuel.

Art. 17. — *Entretien des outils.* — Les cantonniers maintiendront constamment leurs outils dans un bon état d'entretien. S'ils se rendaient coupables de négligence à cet égard, il y serait pourvu d'office par l'Administration, qui se rembourserait de ces frais comme il est dit à l'article 16.

Les outils ne devront être portés à la réparation que dans les intervalles des heures de travail. Les excuses d'absence motivées sur la nécessité de remettre les outils en état ne seront point admises.

Art. 18. — *Livrets de cantonniers.* — Chaque cantonnier sera porteur d'un livret. Ce livret sera destiné à recevoir les notes sur le travail et la conduite de ces ouvriers, les ordres et instructions qui leur seront donnés et l'indication des tâches qui pourront leur être assignées. Il devra être représenté par eux aux Agents chargés de la surveillance des routes, toutes les fois qu'ils en seront requis, sous peine d'une retenue d'une journée de salaire pour chaque fois qu'ils auront négligé de se munir de cette pièce, et d'une retenue triple dans le cas où ils l'auraient perdue.

Art. 19. — *Moyen de constater les absences des cantonniers.* — Les absences et les négligences des cantonniers seront constatées par les Ingénieurs et les Agents de l'Administration employés sous leurs ordres ; il en sera fait note par ces Agents dans les livrets dont il vient d'être parlé.

Elles pourront aussi être constatées par les gendarmes en tournée, et par les Maires des communes sur le territoire desquelles les cantons seront situés. (Voir page 138.)

Art. 20. — *Congés lors des moissons.* — Dans le temps des moissons, et lorsque la route sera en bon état, les cantonniers pourront obtenir des congés de l'Ingénieur ordinaire, sous l'autorisation de l'Ingénieur en chef. Ils ne recevront aucun traitement pendant la durée de ces congés, à l'expiration desquels ils devront être exactement rendus à leur poste ; sinon ils seront immédiatement remplacés.

Art. 21. — *Remise du livret et des signes distinctifs lors du renvoi d'un cantonnier*. — Lorsqu'un cantonnier sera renvoyé, il fera à l'Ingénieur la remise de son livret, de son guidon, de son anneau et des signes distinctifs qu'il aura portés à son bras et à son chapeau. Faute par lui de faire cette remise, il sera opéré une retenue du double de la valeur de ces objets, sur ce qui lui sera dû pour salaire au moment de son renvoi.

ART. 22. — *Classement et salaire des cantonniers*. — Les cantonniers de chaque département seront divisés en trois classes égales en nombre, dont le salaire, pour chacune des classes, sera fixé par le Préfet, sur la proposition de l'Ingénieur en chef.

Le classement se fera chaque année par l'Ingénieur en chef, sur le rapport de l'Ingénieur ordinaire, et d'après les services des cantonniers dans le courant de l'année précédente.

Le salaire des cantonniers-chefs sera fixé à un cinquième en sus de celui des cantonniers de première classe.

ART. 23. — *Indemnités de déplacement. (Décision ministérielle du 21 octobre 1867.)* — Les cantonniers qui sortiront de leur canton par ordre de l'Ingénieur recevront en indemnité un cinquième en sus de leur salaire, et trois cinquièmes chaque jour qu'ils auront découché.

Il ne sera point alloué d'indemnité de déplacement aux cantonniers-chefs, si ce n'est dans le cas où ils sortiraient de la circonscription de leur brigade. Dans ce cas, les indemnités auxquelles ils auront droit seront réglées comme il vient d'être dit pour celles qui seront payées aux simples cantonniers.

ART. 24. — *Encouragements annuels*. — Chaque année, sur le rapport de l'Ingénieur en chef, il pourra être accordé, par le Préfet, au cantonnier le plus méritant de chaque arrondissement d'Ingénieur ordinaire, une gratification qui n'excédera pas un mois de salaire.

Une semblable gratification pourra être également accordée à celui des cantonniers-chefs du département qui, pendant l'année, aura rendu les meilleurs services.

Art. 25. — *Retenues pour cause d'absence.* — Tout cantonnier qui ne sera pas trouvé à son poste par l'un des agents ayant droit de surveillance sur la route, pourra subir une retenue de trois jours de solde la première fois, de six jours en cas de récidive, et être congédié la troisième fois.

Ceux qui, sans s'être absentés, n'auront pas assez travaillé pendant le mois, ou qui auront négligé le service dont ils étaient chargés, éprouveront une retenue suffisante pour payer la réparation des dégradations qui seraient résultées de leur négligence.

Une partie de ces retenues pourra être allouée par l'Ingénieur en chef, sur le rapport de l'Ingénieur ordinaire, au profit de ceux des cantonniers qui, par leur zèle et leur travail, auront mérité des encouragements.

RÉSUMÉ.

Les cantonniers sont chargés de l'entretien journalier des routes sur l'étendue de leur canton.

— Ils sont nommés et révoqués par le Préfet.

— Six cantons au moins constituent une brigade, surveillée par un *cantonnier-chef*. Il doit savoir lire et écrire. Sa station est plus courte que celles des autres cantonniers. Il accompagne le Conducteur dans ses tournées, lui rend compte du travail fait sur les routes et veille à ce que les ordres donnés aux cantonniers de sa brigade reçoivent leur exécution.

— Les signes distinctifs des cantonniers sont une veste de drap bleu et un chapeau sur lequel est écrit en découpure, sur une bande de cuivre, le mot cantonnier. Les cantonniers-chefs portent en outre au bras gauche un brassard. Il est remis à chacun d'eux un guidon.

— Le travail des cantonniers consiste à rétablir la route à chaque instant, de manière qu'elle soit sans danger et d'un aspect satisfaisant en toute saison.

— Pour l'emploi des matériaux, ils se conforment aux ordres qui leur sont donnés.

— Dans le but de soutenir leur zèle, les Conducteurs leur assignent des tâches à remplir dans un temps donné.

— Les heures de travail sont : du 1er mai au 1er septembre, depuis cinq heures du matin jusqu'à sept heures du soir. Le reste de l'année, depuis le lever jusqu'au coucher du soleil. La durée totale des repas ne doit pas excéder deux heures ; elle peut être portée à trois pendant les grandes chaleurs.

— Les déplacements des cantonniers sont ordonnés par l'Ingénieur.

— Leur présence sur la route est obligée en temps de pluie, de neige, etc.

— Ils doivent assistance gratuite aux voyageurs et avertir les riverains des routes qui, par des dispositions quelconques, se mettraient en contravention à la police de la grande voirie.

— Ils se pourvoient à leurs frais de tous les outils nécessaires aux travaux de leur profession.

— L'Administration remet à chaque cantonnier un anneau en fer de 0^m06.

— Il peut leur être fourni à titre d'avance les outils qui leur manqueraient. Ils doivent les maintenir constamment en bon état.

— Chaque cantonnier est porteur d'un livret destiné à recevoir des notes sur son travail et sa conduite, et des ordres et instructions relatifs à son service.

— Les absences des cantonniers sont constatées par les fonctionnaires et agents de l'Administration, les maires et les gendarmes.

— Pendant le temps des moissons, des congés peuvent leur

être accordés par l'Ingénieur, sous l'autorisation de l'Ingénieur en chef.

— Lorsqu'un cantonnier est renvoyé, il doit faire remise de son livret, de son guidon, de son anneau et des signes distinctifs qu'il portait à son bras ou à son chapeau.

—Le classement des cantonniers se fait chaque année par l'Ingénieur en chef. Ils sontdi visés en trois classes ; leur salaire est arrêté par le Préfet, celui des cantonniers-chefs est fixé à un cinquième en plus de celui des cantonniers de 1re classe.

— Les indemnités sont de 1/5 du salaire journalier pour les déplacements et de 3/5 pour les découchers.

— Des encouragements annuels peuvent être accordés aux cantonniers.

—Des retenues pour cause d'absence sont infligées à ceux qui ne se trouvent pas à leur poste pendant les heures réglementaires. Ils peuvent être congédiés à la troisième infraction.

NOTES

Tournée des Conducteurs. — Extrait de la circulaire ministérielle du 31 août 1852.

Feuilles hebdomadaires des tournées des chefs-cantonniers.— Les chefs-cantonniers rendent compte, chaque semaine, du résultat de leurs tournées.

La feuille des tournées (modèle n° 1) leur est remise par le Conducteur de la subdivision, qui fixe les itinéraires et les heures de départ, et donne toutes les instructions qui peuvent être nécessaires.

Le chef-cantonnier porte sur la feuille, pour chaque cantonnier, toutes les indications que comportent les colonnes du tableau ; il rend compte de l'exécution des ordres qui lui ont été donnés, et il ajoute sommairement les observations qu'il a pu faire.

Le Conducteur met à la suite ses notes et ses propositions, et il transmet la feuille à l'Ingénieur ordinaire.

Attributions de la gendarmerie. — Extrait du décret du 1er mai 1854.

. . . .

Art. 629. — La gendarmerie a le droit de surveillance sur les cantonniers, sans avoir des ordres à leur donner; elle prend note des absences qu'elle remarque parmi ces agents.

Les relevés d'absence sont adressés sans retard au Préfet, par l'intermédiaire des Commandants de département et d'arrondissement.

Art. 633. — Les cantonniers, par leur état et leur position, pouvant mieux que personne donner des renseignements exacts sur les voyageurs à pied, à cheval ou en voiture, et étant d'utiles auxiliaires de la gendarmerie pour faire découvrir les malfaiteurs, doivent obtempérer à toutes les demandes ou réquisitions qui leur sont faites par les sous-officiers, brigadiers et gendarmes.

Art. 634. — Dans le cas de soulèvement armé, les Commandants de la gendarmerie peuvent mettre en réquisition les agents subalternes de toutes les administrations publiques et des chemins de fer; ces réquisitions sont adressées aux chefs de ces administrations, qui sont tenus d'y obtempérer, à moins d'impossibilité dont ils devront justifier sous leur responsabilité.

. . . .

Secours aux cantonniers réformés.

(Voir l'arrêté ministériel du 15 décembre 1848, page 112.)

Caisse des retraites. — Extrait de l'arrêté du 30 avril 1861, portant règlement sur les versements à opérer par les cantonniers des divers services de travaux publics.

Le Ministre des travaux publics,

Arrête :

Article premier. — A l'avenir, et à dater du 1er juillet 1861, les cantonniers du service des ponts et chaussées de tout âge, de toute classe et de tout grade, employés sur les routes impériales et départementales, sur les rivières et canaux et dans les ports maritimes du commerce, subiront sur leur salaire une retenue dont le produit, sauf l'exception mentionnée en l'article 13 ci-après, sera versé à la Caisse des retraites pour la vieillesse.

Art. 2.— La retenue est fixée au vingtième du salaire ; ledit vingtième augmente ou diminue, s'il y a lieu, et conformément au tableau ci-joint, de la moindre quantité nécessaire pour former annuellement un multiple de 4 francs et une somme de 20 francs au moins.

Le premier versement pour chaque déposant est augmenté d'une somme de 25 centimes, représentant le prix du livret.

Art. 3. — Un dixième de la retenue ainsi fixée est retranché du salaire de chacun des cinq premiers mois de chaque semestre, commençant le 1er janvier et le 1er juillet, quelles que puissent être d'ailleurs les variations accidentelles de ce salaire.

En cas d'insuffisance du dit salaire pour le prélèvement de la retenue, cette retenue est reportée sur le mois suivant.

Art. 4. — Les cantonniers ne sont soumis à la retenue qu'à partir du premier semestre qui suit leur entrée au service.

Art. 5. — Les retenues supplémentaires que les cantonniers peuvent s'imposer volontairement pour être versées à la Caisse des retraites avec les retenues obligatoires, sont assujetties, comme ces dernières, à la condition de former par semestre un multiple de 2 francs.

Art. 6. — Les retenues obligatoires, ainsi que les retenues volontaires que les cantonniers peuvent s'imposer, sont défalquées de leurs décomptes mensuels, et les restes seuls leur sont directement payés.

Art. 7. — Les retenues sont mandatées collectivement par semestre, au nom de régisseurs chargés d'en opérer le versement à la caisse des retraites. Ce versement doit être effectué dans le courant du sixième mois de chaque semestre.

Art. 10. — Les versements sont faits à capital aliéné.

L'âge de l'entrée en jouissance de la pension viagère est fixée à soixante ans. Néanmoins, lorsqu'un cantonnier peut être maintenu en activité après cet âge, la liquidation de la pension est reportée à soixante-cinq ans, et l'entrée en jouissance prorogée en conséquence.

Art. 11. — Les livrets de versement sont conservés dans les bureaux des ingénieurs. Ils ne sont remis aux cantonniers qu'à leur sortie du service ou par la liquidation de leur pension.

Les retenues non versées au moment de la remise des livrets sont rendues aux ayants droit.

Art. 12. — Au commencement de chaque année, il est adressé par les Ingénieurs, à chaque cantonnier, un bulletin qui lui fait connaître la situation des versements.

Art. 13. — *Dispositions transitoires.* — Les retenues exercées sur le salaire des cantonniers qui, au 1er juillet 1861, auront dépassé l'âge de cinquante-cinq ans, seront versées à la Caisse d'épargne.

Ces retenues demeurent, d'ailleurs, soumises aux dispositions des articles 1, 2, 3, 6, 7, 11 et 12 du présent arrêté.

Art. 14. — Aucun retrait des fonds déposés aux Caisses d'épargne ne peut être opéré au profit d'un cantonnier jusqu'à la remise de son livret à la sortie du service. Néanmoins, sur l'avis des Ingénieurs et avec l'autorisation du Préfet, il peut être fait exception à la règle, mais seulement lorsqu'il s'agit de solder le prix d'acquisition d'un immeuble, ou de pourvoir à une nécessité majeure, dont l'appréciation est laissée à l'administration.

TABLEAU DES RETENUES POUR LES DIVERS SALAIRES
(ART. 2 DE L'ARRÊTÉ)

SALAIRE				MONTANT DE LA RETENUE.		TAUX VARIABLE DE LA RETENUE	
PAR MOIS.		PAR AN.					
de	à	de	à	annuelle	mensuelle sur les 5 premiers mois de chaque semestre.	de	à
30 et au-dessous.	36	360 et au-dessous.	432	20	2 »	0,0556	0,0463
37	43	444	516	24	2 40	0,0541	0,0465
44	50	528	600	28	2 80	0,0530	0,0467
51	56	612	672	32	3 20	0,0523	0,0467
57	63	684	756	36	3 60	0,0526	0,0476
64	70	768	840	40	4 »	0,0521	0,0476
71	76	852	912	44	4 40	0,0516	0,0482
77	83	924	996	48	4 80	0,0522	0,0482
84	90	1,008	1,080	52	5 20	0,0516	0,0481

Réglementation de la caisse des retraites de la vieillesse.

(Extrait du décret du 27 juillet 1861.)

ART. 2. — Tout déposant qui, soit par lui-même, soit par un intermédiaire, opère un premier versement, fait connaître ses nom, prénoms, qualités civiles, âge, profession et domicile.

Il produit son acte de naissance, ou, à défaut, un acte de notoriété qui en tienne lieu, délivré dans les formes prescrites par l'article 71 du Code Napoléon.

ART. 3. — Si ce déposant est marié, il fait, en ce qui concerne son conjoint, les productions et déclarations énoncées dans l'article précédent.

A défaut de déclarations sur l'âge fixé pour l'entrée en jouissance, les conditions de la déclaration faite pour le déposant deviennent communes à son conjoint.

ART. 4. — En cas de séparation de corps ou de biens, le

déposant n'est tenu de produire que l'extrait du contrat de mariage ou du jugement qui a prononcé la séparation.

L'extrait du jugement doit être accompagné des certificats et attestation prescrits par l'article 548 du Code de procédure civile, et, en outre, dans le cas prévu par l'article 1444 du Code Napoléon, des justifications établissant que la séparation a été exécutée.

Art. 6. — S'il survient un changement dans les qualités civiles du déposant, il est tenu de le déclarer au premier versement qui suit.

Il produit en même temps les justifications qui pourraient être nécessaires pour constater le changement survenu.

Art. 12. — La délivrance du livret est faite, pour Paris et le département de la Seine, à la Caisse des dépôts et consignations, et, pour les autres départements, par les receveurs des finances préposés à cette caisse.

Elle a lieu au moment du premier versement effectué.

Le livret peut être retiré et représenté soit par le titulaire lui-même, soit par un intermédiaire.

En cas de perte du livret, il est pourvu à son remplacement dans les formes prescrites pour le remplacement d'un titre de rente sur l'État.

Art. 18. — Dans le cas prévu par l'article 6 de la loi du 18 juin 1850, les blessures graves ou infirmitées prématurées, susceptibles de faire obtenir aux déposants à la Caisse des retraites la liquidation de leur pension avant l'âge de cinquante ans, sont constatées au moyen :

1° D'un certificat émané des médecins qui ont donné leurs soins aux déposants;

2° D'une attestation émanée de l'autorité municipale ; à Paris, cette attestation est délivrée par le commissaire de police;

3° D'un certificat émané d'un médecin désigné par le préfet ou sous-préfet et assermenté.

Art. 23. — En cas de veuvage, la femme titulaire d'une

rente viagère de la vieillesse fait immatriculer son titre sous sa qualité de veuve, en justifiant du décès de son mari.

Art. 25. — Conformément aux articles 1974 et 1975 du Code Napoléon, toute somme versée au profit d'une personne morte au jour du versement, ou atteinte de la maladie dont elle est morte dans les vingt jours du versement, est remboursée sans intérêts.

Art. 26. — Les tarifs dressés en exécution des articles 3 de la loi du 18 juin 1850 et de la loi du 12 juin 1861 sont établis sur l'unité de franc et calculés par trimestre pour le versement, et par année pour la jouissance.

Art. 27. — Pour l'application des tarifs, les trimestres commencent les 1er janvier, 1er avril, 1er juillet et 1er octobre.

L'âge du déposant est calculé comme si ce déposant était né le premier jour du trimestre qui a suivi la date de la naissance.

L'intérêt de tout versement n'est compté qu'à partir du premier jour du trimestre qui suit la date du versement.

La rente viagère commence à courir du premier jour du trimestre qui suit celui dans lequel le déposant a accompli l'année d'âge à laquelle il aura déclaré vouloir entrer en jouissance de la rente.

L'année d'âge est toujours considérée comme accomplie pour les déposants âgés de plus de soixante-cinq ans.

Art. 28. — Les certificats de vie à produire, soit pour l'inscription des rentes viagères de la vieillesse, soit pour le payement des arrérages desdites rentes, sont exemptés des droits de timbre et peuvent être délivrés soit par les notaires, soit par le maire de la résidence du rentier.

Serment des cantonniers.

(Extrait de la circulaire ministérielle du 10 novembre 1864.)

......Les chefs cantonniers des routes et les cantonniers des voies navigables peuvent être commissionnés et assermentés pour la répression de tous les délits de grande voirie.

Le serment doit être prêté devant le préfet, qui peut déléguer pour le remplacer soit le sous-préfet de l'arrondissement, soit le maire de la commune où résident les agents à assermenter.

. . . .

Le droit d'enregistrement du procès-verbal de prestation de serment est fixé à 3 fr. 60 c. non compris les décimes et les frais de timbre imposés par les lois de finance.

FIN DE L'OUVRAGE.

Paris-Imp. PAUL DUPONT, 41, rue Jean-Jacques-Rousseau. 1190 4 4

TABLE DES MATIÈRES

PREMIÈRE PARTIE

RÈGLEMENTS SUR LA COMPTABILITÉ DES CONDUCTEURS

Notes.

DEUXIÈME PARTIE

CLAUSES ET CONDITIONS GÉNÉRALES IMPOSÉES AUX ENTREPRENEURS.

Notes.

TROISIÈME PARTIE

MÉTRÉS D'OUVRAGES D'ART

Le métré d'un ouvrage d'art présente plus de difficultés apparentes que réelles, mais il est indispensable, avant de le commencer, de voir dans tous ses détails l'ouvrage que le dessin a pour but de représenter.

Depuis les fondations jusqu'à la chape, aucune de ses parties ne doit échapper à l'esprit.

Après avoir interrogé l'élévation, il faut se reporter avec attention au plan et à la coupe et s'arrêter sur chacun des points projetés. Le temps perdu à faire ces recherches est largement compensé par la facilité avec laquelle on procède au métrage. Ce travail apparaît alors dans toute sa simplicité, et l'on n'a plus à se préoccuper que de disposer clairement les calculs.

Il faut considérer d'abord les terrassements à effectuer;

Ensuite les remblais qu'il pourrait être utile de faire;

Les fondations proprement dites,

Et l'*élévation* que l'on évalue en considérant d'abord l'ensemble, sans se préoccuper des vides, que l'on déduit ensuite.

On procède après à l'évaluation de la surface des parements vus de l'ouvrage et des travaux qui se payent généralement au mètre carré, tels que le radier, la chape et le couronnement.

Telle est, d'une manière générale, la marche à suivre pour établir les métrés. Nous en donnons ci-après trois, se rapportant, le premier à un aqueduc, le deuxième à un ponceau et le troisième à un pont.

Numéros d'Ordre	Désignation des Ouvrages ou parties d'Ouvrages et indication de leur nature	Nombre de parties	Dimensions réduites: Longueur pour chacune ou ensemble	Largeur	Hauteur et Épaisseur	Surfaces, cubes ou Poids: Auxiliaires	Partiels	Définitifs
	Terrassements.							
	Fouille de l'Aqueduc	1	10.60	1.30	1.12			16.23
	Béton.							
	Radier général	1	10.60	1.30	0.30		4.134	
	A déduire : Radier en briques	1	9.20	0.60	0.11	0.607		
	— Tête de radier (aval)	1	0.70	0.25	0.15	0.026	0.722	
	— Fond du puisard	1	0.85	0.70	0.15	0.089		
	Reste							3.412
	Maçonnerie de Briques.							
	Radier	1	9.20	0.60	0.11		0.607	
	Mur de fond du puisard	1	0.30	0.60	0.15		0.027	
	Piédroits sur la longr. du dallage	2	8.25	0.62	0.34		3.478	
	— sous la plinthe d'amont	2	0.35	0.60	0.34		0.143	
	— d° — d'aval	2	0.25	0.60	0.34		0.102	
	— murs en ailes	2	0.49	(0.60+0.115)/2	0.34		0.119	
	Murs du puisard	3	0.50	0.47 (62-15)	0.34		0.240	
	Total							4.716
	Maçonnerie de Moëllon en Pierre de Taille.							
	Tête de radier (aval)	1	0.70	0.25	0.15		0.026	
	Dés	2	0.28	0.30	0.20		0.034	
	Rampants	2	0.69	0.30	0.12		0.050	
	Couronnement du puisard	1	2.41 (64+2×38+50×2)	0.30	0.15		0.127	
	Plinthes : celle d'amont	1	1.10	0.35	0.25		0.096	
	— — d'aval	1	1.10	0.33	0.25		0.091	
	Fond du puisard	1	0.85	0.70	0.15		0.089	
	Total							0.513

0m. 50c. d'ouverture. 2

Numéros d'Ordre.	Désignation des Ouvrages ou parties d'Ouvrages ou indication de leur nature.	Nombre de parties.	Dimensions réduites			Surfaces, cubes ou Poids		
			Longueur pour chacune ou ensemble	Largeur.	Hauteur et Épaisseur.	Auxiliaires.	Partiels.	Définitifs.
	Dalles de recouvrement							
	Couverceaux	1	8.25	0.84	0.15			1.040
	Parement vu de Briques.							
	Piédroits sur la longueur du dallage	2	8.25	0.62			10.23	
	— sous la plinthe d'amont	2	0.35	0.60			0.42	
	— sous la plinthe d'aval	2	0.25	0.60			0.30	
	— Murs en ailes	2	0.49	$\frac{0.60+0.115}{2}$			0.35	
	Murs du puisard	3	0.50	0.47			0.70	
	Total							12. ..
	Parement vu de Pierre de taille, y compris taille, ragrément et rejointoiement.							
	1°. Vu sur trois faces.							
	Dés – Faces supérieures	2	0.195	0.30			0.12	
	— — antérieures	2	0.17	0.30			0.10	
	— — latérales	2	0.28	0.30			0.11	
	Partie vue sur la face latérale extre (triangles)	2	0.17	0.17			0.03	
	Total							0.36
	2°. Vu sur deux faces							
	Rampants faces supérieures	2	0.69	0.30			0.41	
	— — latérales	2	0.69	0.12			0.17	
	Couronnemt du puisard-faces supérieures	3	0.50	0.35			0.53	
	— — latérales	2	0.60	0.15			0.18	
	— — —	1	0.50	0.15			0.07	
	Plinthe d'aval – au-dessous des rampants	2	0.23	0.30			0.14	
	— — entre les rampants	1	0.50	0.28			0.14	
	— — faces latérales	2	0.12	$\frac{(17+11)\ 0.12}{2}$			0.01	
	Total							1.65
	3°. Vu sur une face							
	Tête du radier aval faces supérieures	1	0.70	0.25			0.18	
	Plinthe d'amont	1	1.10	0.27			0.30	
	Fond du puisard	1	(50+2×0.30) 0.75	0.54			0.41	
	Total							0.89

Numéros d'ordre	Désignation des Ouvrages ou parties d'Ouvrages et indication de leur nature.	Nombre de parties.	Dimensions réduites: Longueur pour chacune ou ensemble	Largeur	Hauteur ou Épaisseur	Surfaces: Auxiliaires	Surfaces: Définitives	Cubes: Auxiliaires	Cubes: Définitifs
	Maçonnerie générale								
	Fondations, culées	2	10.20	0.90	0.70	"	"	12.85	
	Murs en retour	4	0.90	0.90	0.70	"	"	2.27	
	Élévation: Entre les plans passant par la tête de la voûte et celui du parement intérieur des murs en retour	2	5.20	0.70	1.60	"	"	11.65	
	Corps du Pont: Entre les plans passant par le parement intérieur des murs en retour	1	8.60 (10-2×0.70)	3.40	1.60	"	"	46.78	
								73.55	
	Et déduire: Le vide intérieur du pont.								
	1° Prisme inférieur	1	10.00	2.00	0.15	"	"	18.71	
	2° Demi-cylindre supérieur	1	10.00	$\frac{\pi R^2}{2}$	R = 1				
								54.84	
	Plinthes	2	5.40	0.60	0.16	"	"	1.04	
	Parapets: Corps	2	5.20	0.70	0.45			3.28	
	Parapets: Bahut	2	5.30	0.55	0.155	"	"	0.90	
	Radier sous le pont	1	10.20	1.80	0.20	"	"	3.67	
	Cube de la Maçonnerie génle							63.73	
	Maçonnerie de pierre de taille pour fourniture et emploi.								
	Voussoirs: 1er au-dessus de la fondation	4	0.60	0.60	0.45	"	"	0.65	
	Voussoirs: 2e d°	4	0.50	0.40	0.45	"	"	0.36	
	Voussoirs: 3e d°	4	0.50	0.60	0.50	"	"	0.60	
	Voussoirs: 4e d°	4	0.50	0.40	0.45	"	"	0.36	
	Voussoirs: Clef d°	2	0.50	0.60	0.45	"	"	0.27	
	Plinthes	2	5.40	0.60	0.16	"	"	1.04	
	Parapets: Bahut	2	5.30	0.55	0.115	"	"	0.90	
	Parapets: Pierres d'angle	8	0.60	0.45	0.233	"	"	0.50	
		4	0.40	0.45	0.233	"	"	0.16	
	Cube de la Maçon. de pierre de taille							4.84	
	Maçonnerie de Briques.								
	Corps des Parapets	2	5.20	0.70	0.45	"	"	3.28	
	Et déduire: Pierres d'angle comme ci-dessus							0.66	
	Cube de la Maçonie de Briques							2.62	

Maçonnerie en moëllons ordinaires.

Pour fourniture et emploi.

Le cube de la Maçonnerie génle est de 57.89

— " — " — pierre de taille .... 4.84 }

— " — " — de briques .... 2.62 } 7.46

Reste pour cube de la Maçonnerie pour fourniture et emploi 50.43

de 2m. d'ouverture.

Numéros d'Ordre	Désignation des Ouvrages ou parties d'Ouvrages et indication de leur nature.	Nombre de parties	Dimensions réduites			Surface		Cube	
			Longueur pour chacune ou ensemble	Largeur	Hauteur ou Épaisseur	Auxiliaires.	Définitives.	Auxiliaires.	Définitifs.
	Parements vus de pierre de taille.								
	Voussoirs, surface des Têtes. 1er au-dessus des fondations	4	0.60	0.45	"	1.08			
	2e — d° — d° —	4	0.50	0.45	"	0.90			
	3e — d° — d° —	4	0.50	0.50	"	1.00			
	4e — d° — d° —	4	0.50	0.45	"	0.90			
	Clefs	2	0.50	0.45		0.45			
	Voussoirs surface en Douelle 1er au-dessus des fondations	4	0.60	0.38	"	0.91			
	2e — d° — d° —	4	0.40	0.38	"	0.61			
	3e — d° — d° —	4	0.60	0.38	"	0.91			
	4e — d° — d° —	4	0.40	0.38	"	0.61			
	Clefs — d° — d° —	2	0.60	0.38	"	0.46			
	Plinthes	2	5.40	0.86	"	9.29			
	Bahut	2	5.30	(0.60+16+10) développé 0.90 développé		9.54			
	Extrémités du Bahut	8	0.50	0.155	"	0.31			
	Pierres d'angle du Parapet	8	1.65	0.233	"	3.07			
		4	1.25	0.233	"	1.17			
	Surface des parements vus de pierre de taille						31.21		
	Rejointoiements des parements vus de pierre de taille.								
	Surface égale à celle des parem.ts vus						31.21		
	Rejointoiements des parements vus de briques.								
	Face longitudinale du parapet	4	5.20	0.70		14.56			
	A déduire :								
	Surface de la pierre de taille	8	1.20	0.233	"	3.02			
		4	0.80	0.233					
						11.54	11.54		
	Rejointoiements des parements vus de moëllons ordinaires.								
	Têtes de la voûte	2	5.20	1.60			16.64		
	A déduire le vide $\frac{1}{2}\pi R^2 + 2^m \times 0.15$	2					3.74		
							12.90		
	Piédroits	2	10.00	0.15			3.[illegible]		
	Intrados	1	10.00	3.14			31.41		
	Plinthes	2	5.40	0.86			9.29		
							56.60		
	A déduire la surface des parem.ts vus de pierre de taille. (moins le bahut, extrémités du bahut et pierres d'angles						17.12		
	Reste pour surface des rejointoiements sur parements vus de moëllons						39.48		
	Chape	1	9.00	3.50			31.50		
	Perrés à pierres sèches. Quarts de Cône	4	Apothème $\frac{1.66}{2}$	$\frac{2\pi R}{4}$	(R=2)		16.70		

Désignation des ouvrages et parties d'ouvrages et indication de leur nature.	Nombre de parties.	Dimensions réduites: Longueur pour chacune ou ensemble	Largeur	Hauteur ou Épaissr.	Surfaces: Auxiliaires.	Définitives.	Cubes: Auxiliaires.	Définitifs.	Poids.
Déblais de Graviers, calculés sur 18m de long.									
Emplacement des 2 garde-radiers	2	15m.25	0.67	1.00			20.43		
d° du radier général	1	15.25	0.88	9.00			120.78		
Fondation de l'ouvrage, 1ère partie	1	9.00	4.00	$\frac{2.00+1.90}{2}$			70.20		
—— 2e "	1	9.00	5.00	$\frac{1.90+2.40}{2}$			96.75		
—— 3e "	1	9.00	5.00	$\frac{2.40+2.10}{2}$			101.25		
—— 4e "	1	9.00	4.00	2.05			73.80		
Total								483.21	
Remblai pour Mémoire									
Voir ci-après								107.10	
Maçonnerie de Béton.									
Radier général 1ère partie	2	9.00	2.60	0.88			41.18		
—— 2e partie	2	9.00	5.025	$\frac{0.58+0.38}{2}$			43.42		
Garde-radier	2	15.25	1.00	0.67			20.43		
Total								105.03	
Pavage au mètre carré.									
Radier du pont (développé)	1	11.00	9.00					99. "	
Maçonnerie ordinaire.									
Partie en prolongement du pavé du radier et sous les naissances des culées	2	9.00	2.10	0.30			11.34		
Prisme enveloppant compris entre le radier et le dessus du cordon comprenant les murs en retour de l'ouvrage	1	18.00	8.00	3.46			489.02		
Prismes formés par le fruit des murs en retour	4	1.30	0.34	$\frac{3.396}{2}$			3.00		
Parapet	2	17.05	0.50	0.40			6.82		
Total								510.18	
A déduire:									
Vide de l'arche, segment	1	8.00	"	13.46			107.68		
id trapèze	2	5.03	0.726	8.00			58.43		
Somme des vides							166.11		
Partie occupée par les remblais									
1ère partie	1	18.00	0.10	0.25			0.45		
2e "	1	18.00	0.40	$\frac{0.10}{2}$			0.36		
3e "	2	$\frac{0+4.80}{2}$	0.60	5.40			44.71		
4e "	2	$\frac{4.80+2.40}{2}$	1.00	5.00			36. "		
5e "	2	$\frac{2.40+2}{2}$	0.25	4.60			5.06		
6e "	2	2.00	0.75	4.60			13.80		
7e "	2	2.00	0.40	5.20			6.72		
à reporter							107.10	510.18	

Désignation des Ouvrages en parties d'Ouvrages en indication de leur nature.	Nombre de parties.	Dimensions réduites: Longueur pour chacune ou ensemble	Dimensions réduites: Largeur	Dimensions réduites: Hauteur ou Épaiss.r	Surface: Auxiliaires.	Surface: Définitifs.	Cube: Auxiliaires.	Cube: Définitifs.	Poids.
Report								510.18	
Partie noyée des archivoltes	2	10.48	(0.57+0.43)/2	0.57			11.95		
— " — , — des piédroits	4	0.73	(0.57+0.48)/2	0.57			0.83		
— " — " — du cordon	2	18.00	0.40	0.25			3.60		
							16.38		
Total à déduire								289.59	
Reste pour la Maçonnerie ordinaire								220.59	
Maçonnerie de pierre de taille.									
Piédroits	4	0.726	0.60	(0.60+0.45)/2			0.91		
Archivoltes	2	10.43	0.60	(0.60+0.45)/2			6.59		
Cordons	2	18.00	0.60	0.25			5.40		
Bahuts	2	17.00	0.50	0.325			5.69		
Dés — 1.ère partie	4	0.45	0.45	0.50			0.40		
— " — 2.e — "	4	0.50	0.50	0.50			0.50		
Total								19.29	
Parements vus de la Maçonnerie de pierre de taille.									
Piédroits	4	0.726	(0.63+0.68+0.48)/2		3.53				
Archivoltes surf. intérieure	2	10.48	0.63		13.20				
— " — id. en douelle	2	10.86	(0.63+0.48)/2		11.37				
Plinthe surf. développée	2	18.00	0.70		25.20				
Bahuts	2	17.00	1.15		39.10				
Parties sup.res, développ.t de 3 côtés	4	1.55	0.33		2.04				
— — surface supérieure	4	0.50	0.50		1.00				
— — " inférieure	4	1.40	0.50		2.80				
Total						98.24			
Chape de 0.10 d'épaiss.r									
Développement	1	14.70	6.95			102.16			
Bois de Charpente pour Cintre.									
Entrait retroussé	1	4.80	0.18	0.20			0.17		
Aisselière	2	2.50	0.18	0.20			0.18		
Arbalétriers	2	5.10	0.18	0.20			0.36		
Moises	8	1.20	0.20	0.10			0.19		
Poinçon	2	1.50	0.20	0.10			0.06		
Vaux	4	2.60	0.20	0.18			0.37		
Paires de coins	2	0.20	0.20	0.23			0.02		
Total pour une ferme							1.35		
Et pour 6 fermes semblables							8.10		
Pièces communes.									
Semelles	6	8.00	0.30	0.10			1.44		
Liernes	2	8.30	0.10	0.20			0.33		
Couchis	53	8.00	0.20	0.08			6.78		
Platelage		10.75	6.40	0.025			1.71		
Cube total								18.36	

Paris-Imp. PAUL DUPONT, 41, rue Jean-Jacques-Rousseau.

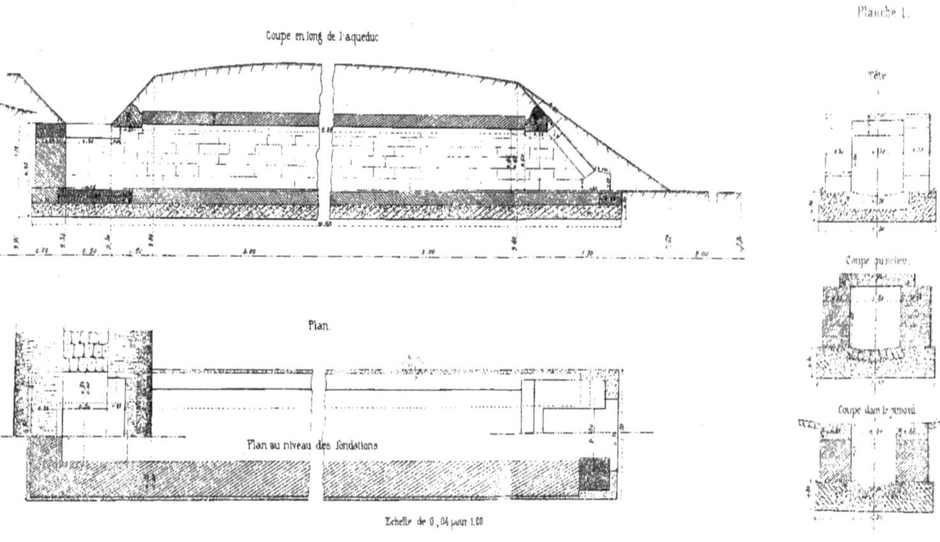
Planche I.
Coupe en long de l'aqueduc
Tête
Plan.
Plan au niveau des fondations
Echelle de 0,04 pour 1.00

Planche 11.

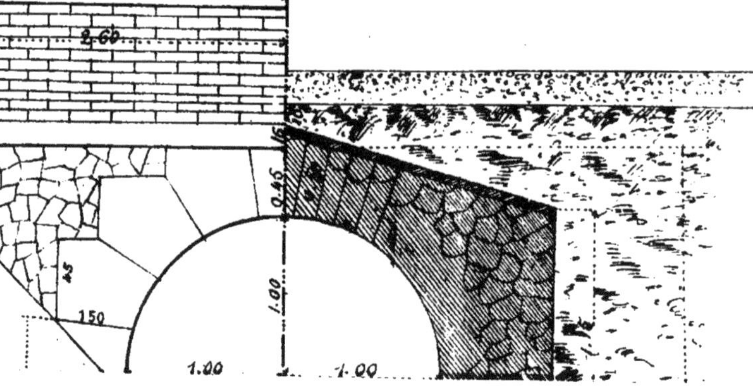

Planche 11.

½ Plan des fondations

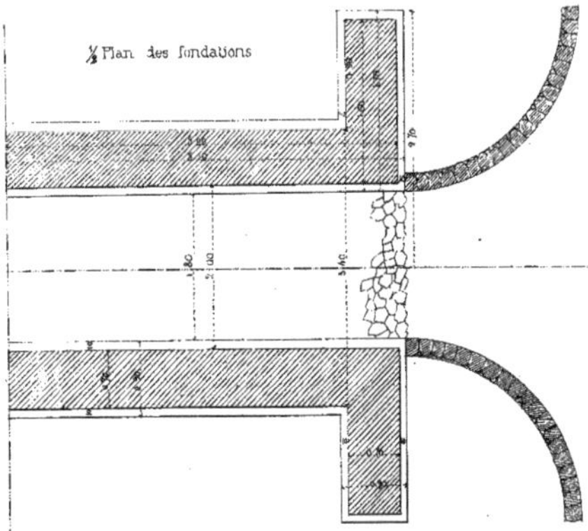

½ Coupe longitudinale

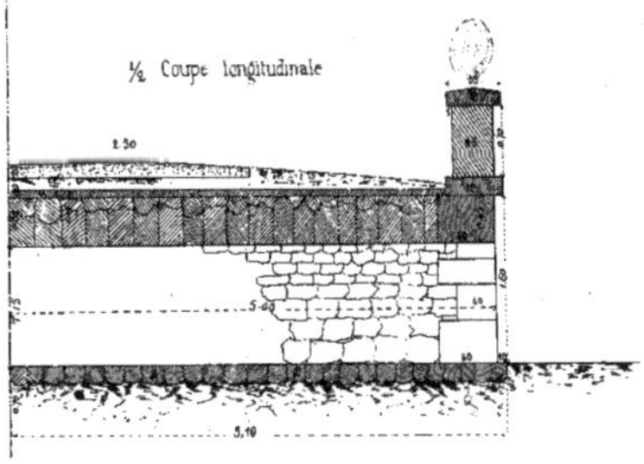

Elévation

Coupe en travers

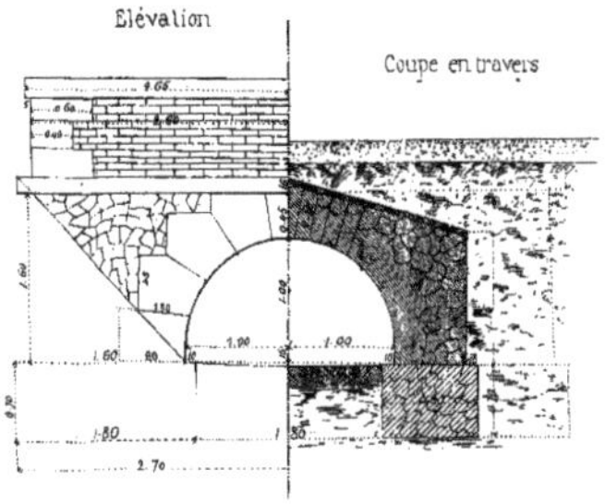

Echelle de 0.02 pour 1m00

Planche III.

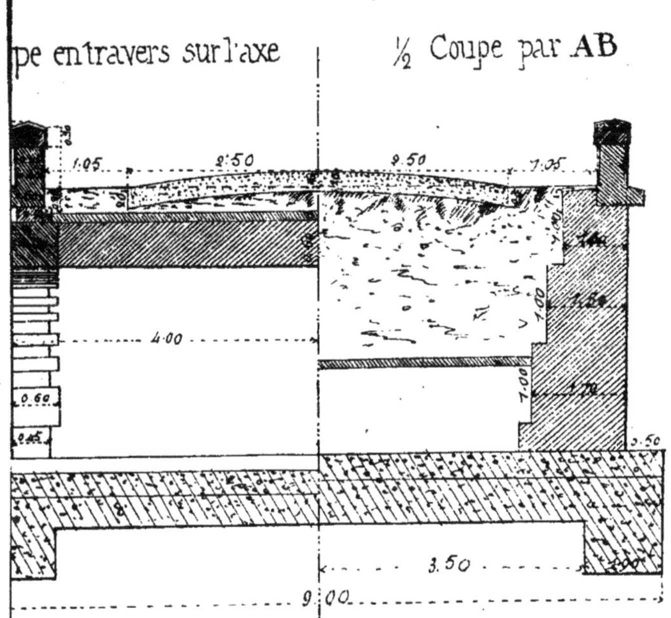

Cintre.

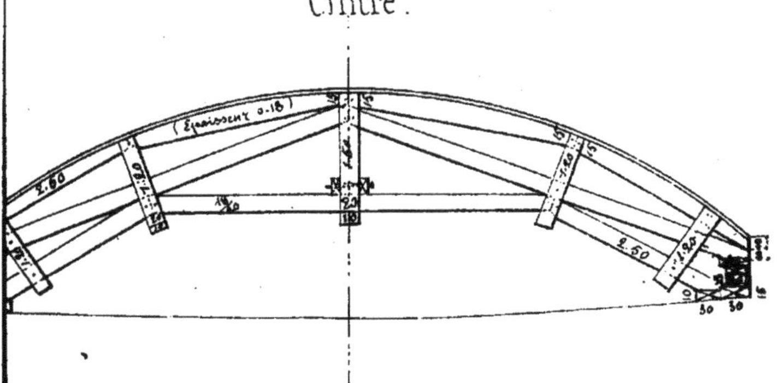

Planche III.

½ Coupe en long sur l'axe.
½ Élévation.
Terrain naturel
½ Plan au niveau des naissances
½ Plan de la voie.
½ Coupe en travers sur l'axe
½ Coupe par AB
Cintre.
Échelle de 0.01 pour 1.00

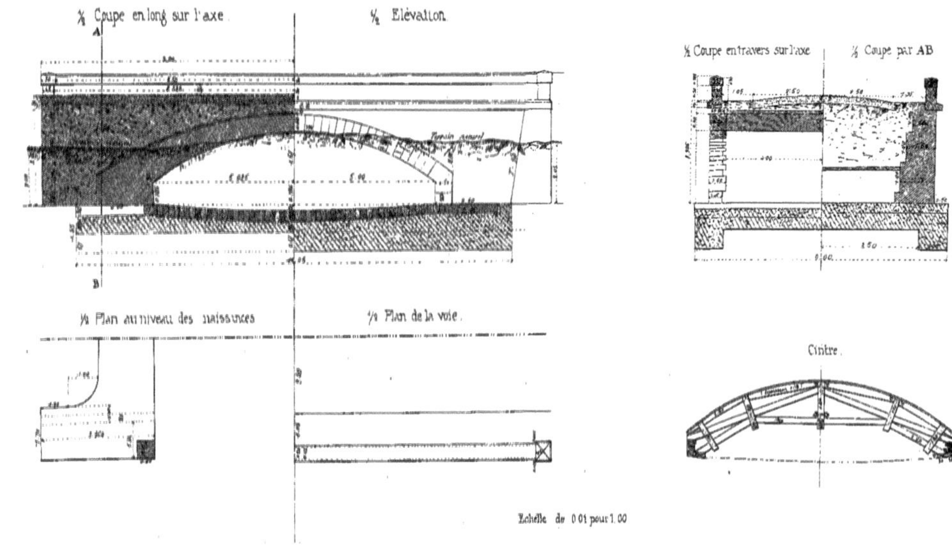

www.ingramcontent.com/pod-product-compliance
Ingram Content Group UK Ltd.
Pitfield, Milton Keynes, MK11 3LW, UK
UKHW021150260726
13994UKWH00001B/374